BERLÍN
EN 2 DÍAS

EL PAÍS El Viajero city

BER

REPSOL

Viajar es un placer y convertirse en viajero toda una aventura. Son muchos los motivos para iniciar un viaje: descubrir nuevas gentes, paisajes, aromas, sabores... o reencontrase con ellos.

En Repsol sabemos que viajar amplía horizontes, nos capacita para apreciar la belleza en las diferencias y nos enriquece como personas. Por eso nos preocupamos por ofrecerte todo lo que necesitas para disfrutar de tus viajes y lograr que tus desplazamientos se efectúen siempre cómodamente y en las mejores condiciones.

Nuestra vocación de servicio nos llevó hace más de 30 años a editar la prestigiosa **Guía Campsa**. Una fiel compañera de viaje, que año tras año, se renueva para seguir siendo referente en el mundo de los viajes, la gastronomía y el vino.

En su versión on line, accesible a través de **guiacampsa.com** y **repsolypf.com,** la información y servicios para tus viajes no tiene límites. El pronóstico meteorológico, el estado de las carreteras, mapas de más de 75.000 localidades europeas o sugerencias turísticas y gastronómicas de máxima actualidad son algunas de las facilidades para planificar tus viajes.

Nuestro firme compromiso con el viajero, que nos impulsa a superarnos cada día en los productos y servicios que le ofrecemos nos lleva hoy, a colaborar con **El País** en el lanzamiento y edición de esta magnífica colección de guías El Viajero City.

Mapa del centro de Berlín

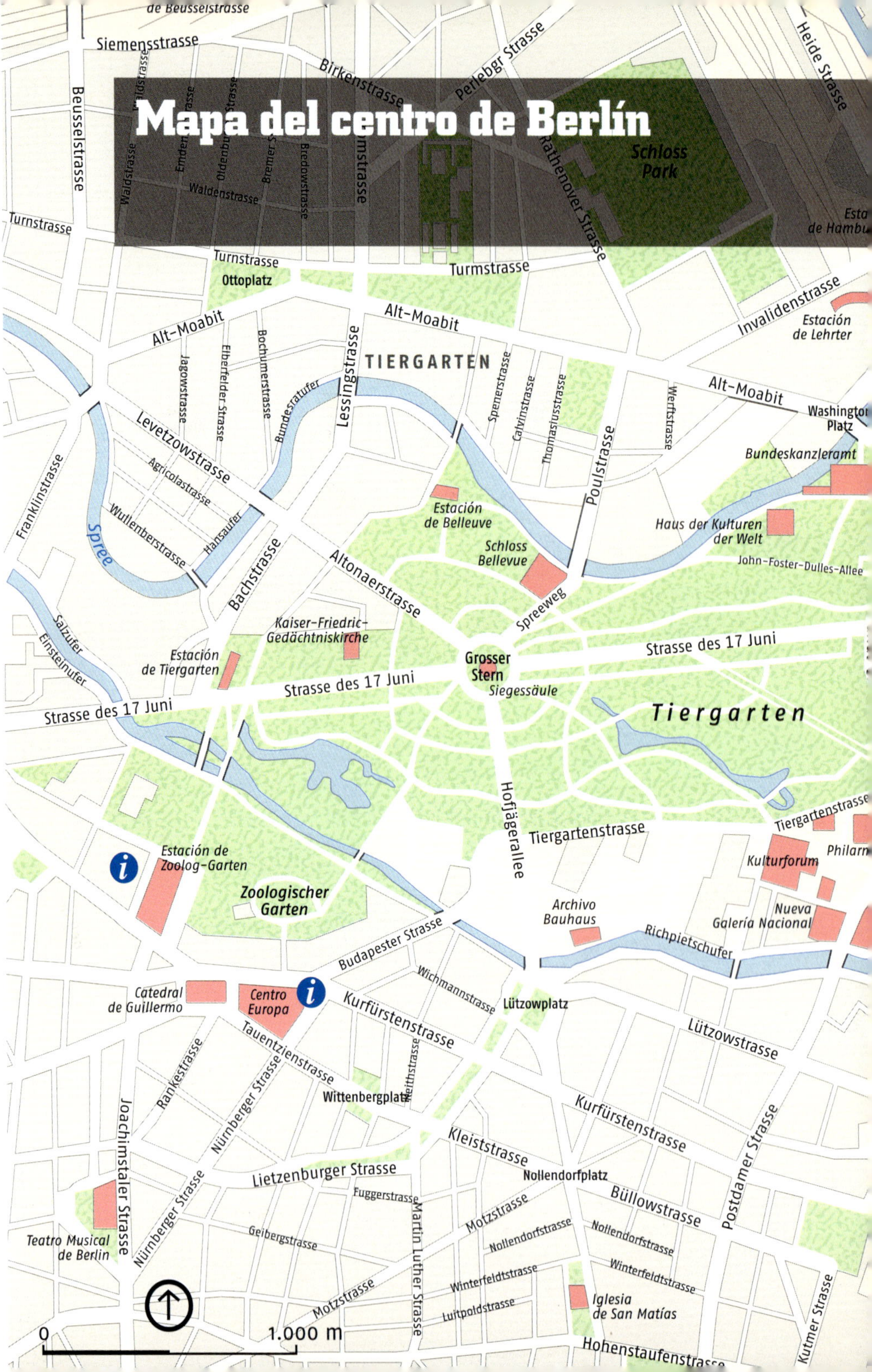

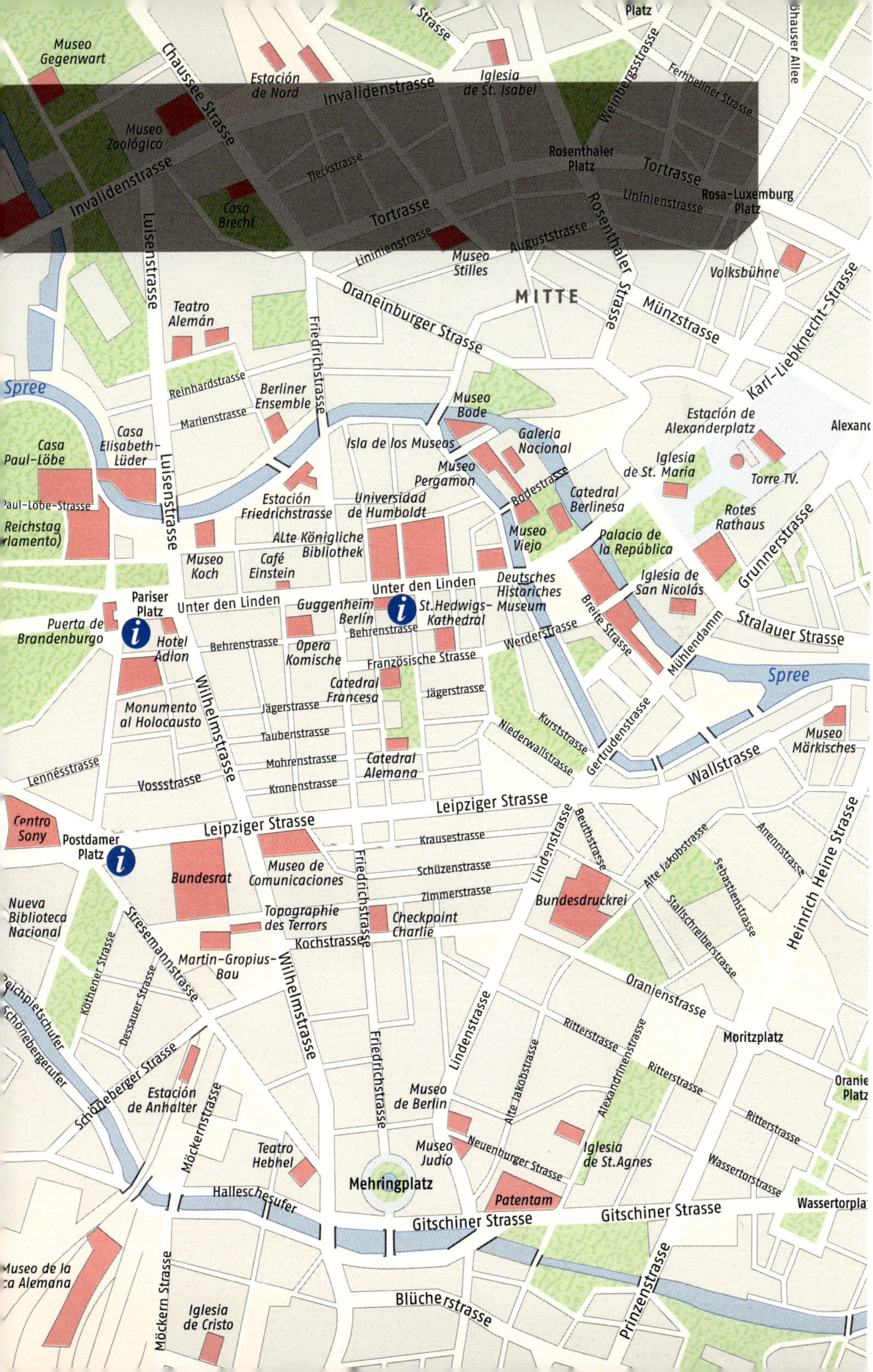

Strasse
Platz
öhauser Allee
Museo Gegenwart
Estación de Nord
Iglesia de St. Isabel
Ferhbeliner Strasse
[redacted]
Museo Stilles
Volksbühne
MITTE
Oraneinburger Strasse
Münzstrasse
Karl-Liebknecht-Strasse
Teatro Alemán
Friedrichstrasse
Spree
Reinhardstrasse
Marienstrasse
Berliner Ensemble
Museo Bode
Estación de Alexanderplatz
Alexanc
Casa Elisabeth-Lüder
Casa Paul-Löbe
Isla de los Museos
Galeria Nacional
Iglesia de St. Maria
Torre TV.
Museo Pergamon
Paul-Löbe-Strasse
Luisenstrasse
Estación Friedrichstrasse
Universidad de Humboldt
Bodestrasse
Catedral Berlinesa
Rotes Rathaus
Reichstag
rlamento)
Alte Königliche Bibliothek
Museo Viejo
Palacio de la República
Grunerstrasse
Museo Koch
Café Einstein
Deutsches Historiches Museum
Iglesia de San Nicolás
Unter den Linden
Pariser Platz
Guggenheim Berlín
St.Hedwigs-Kathedral
Breite Strasse
Stralauer Strasse
Puerta de Brandenburgo
Hotel Adlon
Behrenstrasse
Opera Komische
Werderstrasse
Mühlendamm
Französische Strasse
Catedral Francesa
Jägerstrasse
Monumento al Holocausto
Wilhelmstrasse
Taubenstrasse
Kurstrasse
Niederwallstrasse
Gertrudenstrasse
Museo Märkisches
Mohrenstrasse
Catedral Alemana
Lennésstrasse
Vossstrasse
Kronenstrasse
Wallstrasse
Leipziger Strasse
Centro Sony
Postdamer Platz
Bundesrat
Krausestrasse
Museo de Comunicaciones
Schüzenstrasse
Lindenstrasse
Beuthstrasse
Alte Jakobstrasse
Anennstrasse
Sebastianstrasse
Heinrich Heine Strasse
Zimmerstrasse
Bundesdruckrei
Nueva Biblioteca Nacional
Topographie des Terrors
Checkpoint Charlie
Stallschreiberstrasse
Kochstrasse
Stresemannstrasse
Martin-Gropius-Bau
Köthener Strasse
Oranienstrasse
Dessauer Strasse
Reichpietschufer
Schöneberger Strasse
Schöneberger ufer
Ritterstrasse
Moritzplatz
Alexandrinenstrasse
Oranie Platz
Estación de Anhalter
Möckernstrasse
Museo de Berlin
Teatro Hebhel
Museo Judío
Neuenburger Strasse
Iglesia de St.Agnes
Wassertorstrasse
Mehringplatz
Hallesches ufer
Patentam
Wassertorpla
Gitschiner Strasse
Prinzenstrasse
Museo de la ca Alemana
Möckern Strasse
Iglesia de Cristo
Blücherstrasse

5 paseos por Berlín

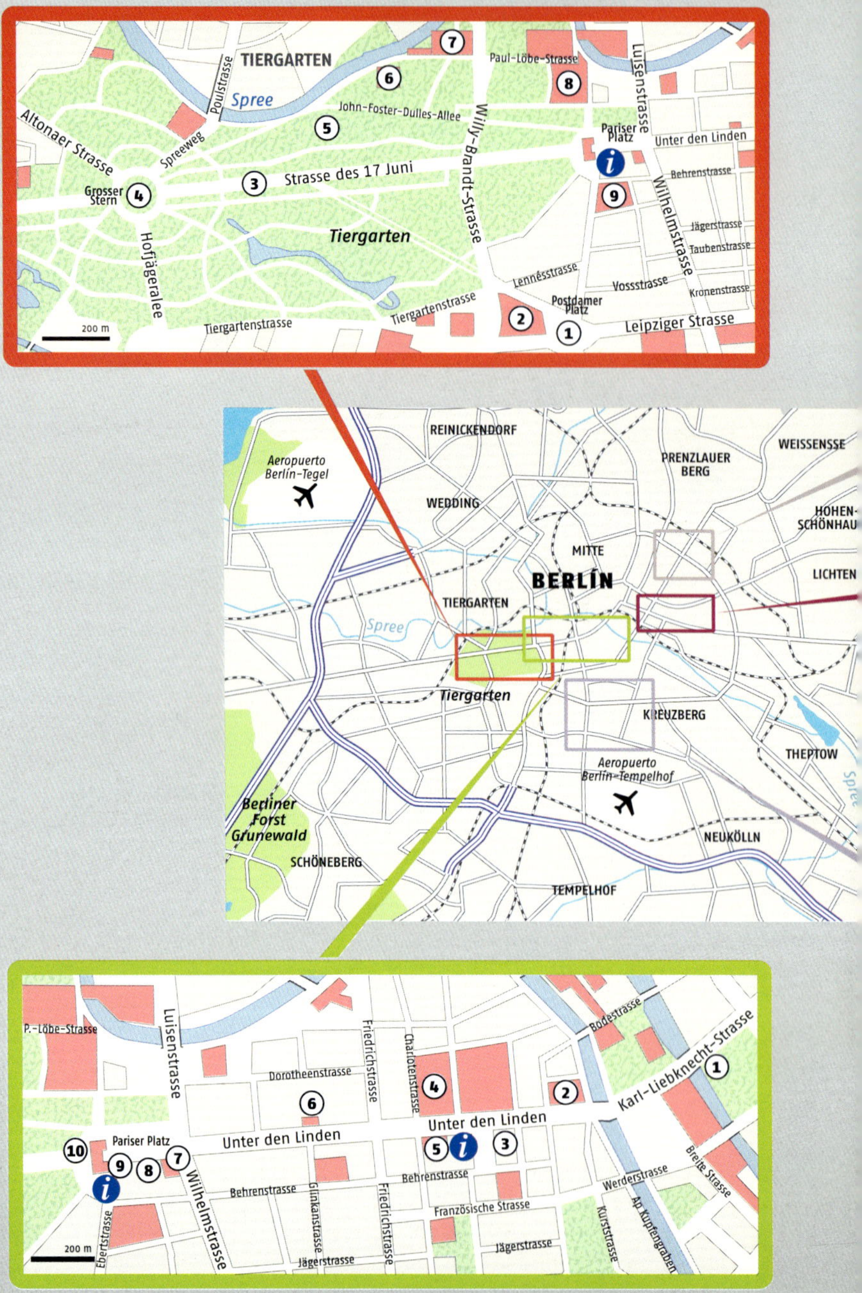

Bernauer Strasse
Oderberger Strasse
Danziger Strasse
Ruppiner Strasse
Wolliner Strasse
Schwedter Strasse
Choriner Strasse
Schönhauser Allee
Kolwitzstrasse
Rykestrasse
Zionskirch Platz
Kastanienallee
Schwedter Strasse
Zionskirchstrasse
Veteranenstrasse
Brunnenstrasse
Fehrbelliner Strasse
Belforter Strasse
Prenzlauer Allee
Metzer Strasse
Lottum Strasse
Kolwitzstrasse
Strassburger Strasse
Rosenthaler Platz
Tortrasse
Rosa-Luxemburg Platz
Linienstrasse
300 m
Oraneinburger Strasse
Ziegelstrasse
MITTE
Karl-Liebknecht-Strasse
Mollstrasse
Alexanderplatz
Friedrichstrasse
Georgenstrasse
Grunnerstrasse
Breite Strasse
Unter den Linden
200 m
Tierpark
KARLSHORST
OBER-
SCHÖNEWEIDE
Zimmerstrasse
Kochstrasse
Alte Jakobstrasse
Stallschreiberstrasse
Sebastianstrasse
Adalbertstrasse
300 m
Engeldamm
Oranienstrasse
Lindenstrasse
Ritterstrasse
Heinrich Heine Strasse
Wilhelmstrasse
Friedrichstrasse
Alte Jakobstrasse
Alexandrinenstrasse
Oranien Platz
Adalbertstrasse
Waldemarstrasse
Nauynstrasse
Oranienstrasse
Manteuffelstrasse
Ritterstrasse
Neuenburger Strasse
Mehringplatz
Gitschiner Strasse
Gitschiner Strasse
Wassertorplatz
Gitschiner Strasse
Kottbusser Strasse
Reichenberger Strasse
Landwehrkanal
Prinzenstrasse
Blücherstrasse
Böchstrasse
Mehringdamm
Blücherstrasse
Urbanstrasse
Dieffenbachstrasse
Sanderstrasse
Kottbusser Damm
Gneisenaustrasse
Urbanstrasse
Friedelstrasse
Bergmannstrasse
Arndstrasse
Bergmannstrasse
Hasenheide

Berlín en un vistazo

Palacios, tilos y 'glamour'

El bulevar Unter den Linden y sus aledaños (en la foto, Gendarmenmarkt) respiran elegancia. En pleno barrio de Mitte, la zona invita a las compras y a una caminata hasta la Puerta de Brandeburgo.
Página 14

Mucha cultura

Del arte clásico a la creación *okupa*, una ruta desde los magníficos espacios de la Isla de los Museos a las modernas galerías de Hackesche Höfe y Oranienburger Strasse.
Página 20

Arte en un barrio obrero

En los años sesenta y setenta, Prenzlauer Berg era una zona de barrios obreros donde se cocían movimientos políticos y sociales radicales. Hoy es un lugar joven, bohemio y creativo.

Página 38

Dos días sin parar

Subir a la cúpula del Reichstag. Pasear entre los más de dos mil bloques de hormigón del Monumento del Holocausto. Bucear en la historia del cine en Potsdamerplatz. Muchas pistas para aprovechar al máximo un fin de semana en la capital alemana.

Página 44

Datos útiles

¿A qué hora abre el Altes Museum? ¿Qué bares nocturnos están de moda? ¿Cuáles son los hoteles con más encanto? ¿Qué tiendas merecen la pena? ¿En qué restaurante comer? Toda la información para sobrevivir en Berlín.

Página 54

Sumario

Avenidas anchas, árboles y agua. Y muchos cafés y terrazas donde parar a tomarse algo. Berlín se descubre a pie, paseando por sus variopintos barrios llenos de vida y diversión.

Berlín en 48 horas

Un apasionante e intenso recorrido de dos días por las calles, los parques, los monumentos, museos y lugares más representativos de la ciudad. 48 horas de cultura, ocio, costumbres y gente.

Página

44

La sección "48 horas" está estructurada en dos tardes y dos mañanas.

Datos útiles

Página

54

Los mejores sitios donde dormir y comer, tomarse una copa con la mejor música o ambiente, y las tiendas más *chic* de la ciudad. ¡Sin olvidar el arte!

FELIZ VIAJE

5 rutas por Berlín

1

EL BERLÍN MÁS SEÑORIAL

Un paseo entre palacios, mansiones y tilos

El bulevar Unter den Linden, en Mitte, es uno de los epicentros de Berlín, donde lo nuevo y lo viejo se dan la mano. Al final del paseo espera la Puerta de Brandeburgo.

Un kilómetro y medio mide el bulevar Unter den Linden entre el puente del Palacio (Schlossbrücke) y la Puerta de Brandeburgo, donde el muro dividía Berlín en dos. Flanqueado por edificios históricos, este eje urbano descubre arquitectura barroca y neoclásica, pero también edificios modernos y elegantes centros comerciales. Su nombre proviene de los tiempos de Federico Guillermo (1640-1688), quien decidió mejorar la imagen de lo que entonces era camino de carretas y lo hizo empleando un árbol muy amigo de las avenidas largas: el tilo. Un siglo después, además de los árboles, la avenida pasó a ser el enclave de la ciudad con mayor número de mansiones y palacios.

Viaje en el tiempo

El punto de inicio de este paseo se sitúa en el elegante **puente del Palacio** ❶, construido entre 1821 y 1824 según un proyecto de Karl Friedrich Schinkel (1781-1841), arquitecto y pintor cuyo nombre aparece una y otra vez en esta zona de Berlín. El primer edificio que llama la atención es el **Deutsches Historisches Museum** ❷ (Museo de Historia Alemana, www.dhm.de), que ocupa la construcción más antigua de Unter den Linden, una vieja armeria cuyo origen se remonta a 1695. Justo detrás se esconde la primera sorpresa contemporánea: el luminoso recinto de exposiciones temporales del museo (inaugurada en 2003), proyectado por

↑ **Una obra Schinkel.** El puente del Palacio (Schlossbrücke) sustituyó a principios del siglo XIX la pasarela de madera (Hundebrücke) que utilizaba la realeza en sus salidas de cacería.

← **En la plaza de Gendarmenmarkt** se encuentran las catedrales francesa (en la foto) y alemana, además del Konzerthaus (obra de Schinkel, a la izquierda).

el arquitecto I. M. Pei (autor de la pirámide del Louvre de París). A un paso aparece un edificio neoclásico de Schinkel: el cuartel Neue Wache. Avanzamos por el bulevar hasta la batería de edificios del Forum Fridericianum, resultado del plan urbanístico del más ilustre y longevo soberano prusiano, Federico El Grande. La explanada lleva hoy el nombre de Bebelplatz (en mayo de 1933, éste fue el escenario de la primera quema de libros realizada por los nazis). Aquí se puede admirar la neoclásica **Staatsoper Unter den Linden** ❸ (Ópera Estatal, www.staatsoper-berlin.org), que puede presumir de ser una de las óperas más prestigiosas del mundo y que desde 1992 está bajo la dirección

Del edificio de I. M. Pei para el Museo de Historia Alemana hasta la Puerta de Brandeburgo, con parada en el café Einstein

musical de Daniel Barenboim (Berlín tiene otras dos óperas: la Deutsche Oper, en el barrio de Charlottenburg, y la Komische Oper, también en Mitte). En la Staatsoper hay un agradable café donde sentarse un rato y comer alguno de los exquisitos pasteles. Junto a la Ópera, la **Alte Königliche Bibliothek** ❹ es un edificio barroco que con el tiempo no tuvo suficiente capacidad para albergar el voluminoso archivo, parte del cual hubo que trasladar a la segunda sede de la Staatsbibliothek zu Berlín –(en el número 33 de Potsdamer Strasse)–. Aquí, entre otras joyas, los amantes de la música pueden ver la partitura original de la *Novena Sinfonía* de Beethoven.

La vecina catedral de San Hedwig, de inspiración romana, evoca el bellísimo panteón romano. Fue el único templo católico de la ciudad hasta 1854, destruido tras la II Guerra Mundial.

Siguiendo camino en dirección hacia Pariser Platz, es recomendable pararse en el **Deutsche Guggenheim** ❺,

GENDARMENMARKT

Para sibaritas

En Gendarmenmarkt y las calles aledañas se encuentran algunos de los restaurantes más de moda de Berlín, como Borchardt (Französiche Strasse, 47), Lutter&Wegner (Charlottenstrasse, 56) o el Newton Bar (Charlottenstrasse, 57).

Un símbolo.
Construida en 1791, la Puerta de Brandeburgo fue el lugar donde pasaba el muro. Símbolo de la reunificación, tras la caída del muro el 9 de noviembre de 1998, se reabrió, en medio de una gran fiesta el 22 de diciembre de aquel año.

(Unter den Linden, 13; www.deutsche-guggenheim-berlin.de). El arquitecto norteamericano Richard Gluckman ha sido el encargado de proyectar este espacio (510 metros cuadrados en la planta baja de un edificio de 1920), que acoge exposiciones temporales de arte contemporáneo (en el proyecto colaboran la fundación Solomon R. Guggenheim y el Deutsche Bank).

Ricos y famosos

Columnas, frisos, estatuas y capiteles, el desfile de la Unter den Linden embelesa o apabulla, según guste o no el estilo prusiano. Aun así, resulta difícil imaginar cómo debió de ser antes de la desalmada tala de tilos ordenada por Hitler o tras la II Guerra Mundial, cuando quedó llena de ruinas y cascotes. Sin dejar el bulevar, en el número 35, la tienda KPM (la fábrica real de porcelana; www.kpm-berlin.de) expone y vende todo tipo de porcelana prusiana, más apta para ser admirada que comprada.

En el número 42 de Unter den Linden, merece la pena echar un vistazo al Pietzh Haus, uno de los primeros edificios del periodo de reconstrucción de la ciudad después de 1989, una versión moderna del estilo neoclásico de su entorno. Antes de dirigirse hacia la Pariser Platz, se puede tomar un aperitivo en el famoso Café Einstein 6 (Unter den Linden, 42), un lugar clásico, en el buen sentido de la palabra, donde sirven un extraordinario *strudel* (pastel de manzana, pasas, nueces y canela).

HOTEL ADLON

Escritores y amantes ilustres

Foco de *glamour* desde su apertura en 1907, el Adlon se quedó muy dañado en la II Guerra Mundial. Reconstruido tras la caída del muro, lleva ahora una década brillando de nuevo.

La novelista austriaca Vicki Baum se inspiró en este establecimiento para escribir *Gran Hotel*. Y Greta Garbo protagonizó la versión cinematográfica que vio la luz en 1932. Escenario de transgresión y fiestas en el Berlín de los felices años veinte, Yvan Goll relata en *Sodoma y Berlín* que en una de sus camas durmieron los amantes d'Annunzio y Duse. En *Cabaret*, Liza Minnelli se citaba aquí con un ricachón. Ni siquiera la penosa imagen de Michael Jackson zarandeando a su bebé desde una de sus ventanas ha podido robarle el halo esplendoroso al Adlon (www.hotel-adlon.de), actualmente a cargo de la cadena Kempinskiz.

UN CLÁSICO.
Reabierto en agosto de 1997, el hotel Adlon cuenta hoy con 304 habitaciones y 78 *suites*.

Cruzando la avenida, aparece el mítico **hotel Adlon** 7, en el que suelen alojarse famosos, diplomáticos y multimillonarios. Contiguos al distinguido establecimiento, hay dos edificios famosos. El primero es la **Akademie der Künste** 8 –Academia de Bellas Artes (www.adk.de;PariserPlatz,4)–, una de las instituciones más antiguas de la ciudad, fundada por Federico III en 1696. Tras la II Guerra Mundial, la institución quedó en el sector Este de Berlín, y fue reconstruida por el arquitecto Werner Duttmann tras la caída del muro, e inaugurada en 2005. El museo cuenta con las secciones de bellas artes, música, arquitectura, artes visuales, cine y literatura. El otro es la sede del **DZ Bank,** un edificio proyectado por Frank Gehry de fachada sobria. Su interior guarda, sin embargo, una gran sorpresa: en el vestíbulo, bajo una gran cúpula de cristal, se encuentra una espectacular estructura metálica de 29 metros de altura, orgánica y ligera, que alberga una sala de conferencias.

Sin lugar a dudas, la estructura más vistosa de la plaza y símbolo de la ciudad es la Brandeburger Toro **Puerta de Brandeburgo** 10. Concebida según el estilo de los propileos de Atenas, ésta fue la frontera entre Este y Oeste, y a partir de 1989 se convirtió en el emblema de la reunificación alemana. Con su cuadriga, una escultura de la alada diosa de la Victoria.

Territorio Barenboim. La Ópera Estatal Unter den Linden, dirigida por Daniel Barenboim, ha sufrido incendios y bombardeos a lo largo de su historia, que se remonta a 1741.

LUGARES DE INTERÉS DESTACADOS.
1 Puente del Palacio
2 Deutsches Historisches Museum 3 Staatsoper Unter den Linden 4 Alte Königliche Bibliothek 5 Deutsche Guggenheim Berlin
6 Café Einstein 7 Hotel Adlon
8 Akademie der Künste
9 DZ Bank 10 Puerta de Brandeburgo

2

VIDA DE BOHEMIA

Del busto de Nefertiti al arte 'okupa'

Berlín es un hervidero de arte. Se aprecia en los grandes museos, pero también en los patios 'okupas'. Un paseo apasionante, de la Isla de los Museos a Oranienburger Strasse.

Dos veces al año, en enero y agosto, Berlín celebra su Larga Noche de los Museos (www.lange-nacht-dermuseen.de), durante la cual más de cien espacios permanecen abiertos hasta las dos de la madrugada y se pueden visitar con una entrada general de 12 euros (que incluye todos los traslados en autobús). Pero las propuestas tientan durante todo el año y el epicentro del arte es, sin duda, la **Isla de los Museos** ❶ (www.museumsinsel-berlin.de y www.smb.spk-berlin.de). Concebida en 1830 por Federico Guillermo III, el conjunto museístico ocupa la isla del Spree, en pleno barrio de Mitte. Un sueño imperial, que se culminó antes de que el nacionalsocialismo gobernara el país. Desde 1999, el complejo ha sido sometido a un proceso de restauración bajo la supervisión del arquitecto británico David Chipperfield. El conjunto comprende cinco museos (algunos con varias colecciones): Altes Museum (antigüedades clásicas), Alte Nationalgalerie (arte del siglo XIX), Bode Museum (numismática, pintura), Neues Museum (arte egipcio y primitivo, cerrado hasta 2009) y Pergamonmuseum (antigüedades clásicas, islámicas y de Oriente Próximo).

El Altes Museum (proyectado por Karl Friedrich Schinkel) fue el primero de la Isla y muy popular, porque allí se expone el busto de Nefertiti, máximo exponente del arte egipcio. Fruto de las ambiciosas exploraciones europeas de principios del siglo XX, el busto fue descubierto en Egipto en 1912 junto a otras joyas, que se llevaron rápidamente a Alemania. Originariamente el busto formaba parte del fondo del Neues Museum, pero debido a las obras de remodelación a las que se está sometiendo este museo, temporalmente se encuentra en el Altes Museum.

↑ **El Altar de Pérgamo.** Es la pieza estrella del Pergamonmuseum, espacio destacado de la Isla de los Museos y uno de los museos más visitados de Berlín.

← **Berlín rezuma arte.** Buen ejemplo de ello son las muestras de arte alternativo que pueblan sus calles y patios, donde el *graffiti* se erige como el rey.

A pocos pasos, alcanzamos uno de los museos arqueológicos más impresionantes, el Pergamon. Nada más entrar uno se topa con el templo de Pérgamo (170-159 antes de Cristo), hoy en la costa turca. Para mostrar los extraordinarios relieves helénicos, que representan la batalla de los dioses y los titanes, se ha reconstruido una tercera parte del monumento a escala real en este museo, incluyendo la gran escalinata. Otras piezas destacadas del Pergamon son la puerta de la entrada del mercado de Mileto y las espectaculares puertas de Ishtar de la muralla de Babilonia. Si sólo se va a visitar uno de los museos de la Isla, éste es indispensable.

Aunque si se prefiere la pintura a la arqueología, la Alte Nationalgalerie (www.alte-nationalgalerie.de) exhibe la mayor colección de pintura y escultura alemanas del siglo XIX, entre las que destacan algunas de las obras maestras de

El edificio barroco del Bodemuseum alberga, entre otras, una importante colección numismática.

Caspar Friedrich, además de obras de maestros internacionales como Monet, Renoir, Degas, Cézanne y Rodin. El edificio clasicista, obra de August Stüler, construido entre 1866 y 1876, está considerado uno de los mejores edificios para alojar un museo en el siglo XIX.

El recorrido de museos finaliza en el Bodemuseum, a orillas del Spree, cuyo edificio barroco fue proyectado por el arquitecto alemán Ernst von Ihne en 1904. En los años noventa se sometió a una remodelación total y volvió a abrirse al público en 2006. El museo atesora varias colecciones de esculturas coptas, bizantinas, góticas y renacentistas, así como una de las mayores colecciones numismáticas del mundo.

Entre una visita y otra, merece la pena acercarse a la otra orilla del Spree, y tomar asiento en La Rústica, un restaurante italiano con mesas en el exterior, junto a la misma orilla del río y con vistas a la Isla.

Desde lo alto de la torre de la televisión de Alexanderplatz el panorama de Berlín es excepcional.

CAPRICHOS DULCES

Bonbones berlineses

Tienda y obrador al mismo tiempo. En la bombonmacherei se elaboran los caramelos como lo hacían los antiguos artesanos a la vista del público.
Oranienburgerstrasse 32.
www.bombonmacherei.de

La gran explanada

Dejando atrás la Isla de los Museos, se llega a **Alexanderplatz** ❷. Si se buscan rastros de la novela homónima de Alfred Döblin, se experimentará una decepción, puesto que no queda nada del ambiente que describe el autor. En Alex –como se la conoce comúnmente– es donde mejor se palpa el fantasma del Este. La primera impresión puede dejar un tanto frío: una explanada enorme y desangelada, con la única presencia de algunos edificios antiguos como el **Rotes Rathaus** ❸ –"el Ayuntamiento rojo", llamado así por el color de los ladrillos de su fachada y sin connotaciones

DEL TREN AL VIDEOARTE

Una estación hecha arte

La Hamburger Bahnhof, un espacio original para el arte contemporáneo.

Con la vocación de los berlineses de reconvertir espacios sin modificarlos, la Hamburger Bahnhof es una estación de tren de estilo neoclásico que en 1996 el arquitecto Josef Paul Kleihues transformó en museo de arte contemporáneo. Con obras posteriores a 1950, el museo brinda una atención especial a Joseph Beuys, el *enfant terrible* del arte alemán del XX, y cuenta con trabajos pictóricos y esculturas de Lichtenstein o Warhol, como el Mao de camisa verde del maestro del *pop-art*. Además, programa exposiciones temporales de pintura, fotografía y videoarte. Chaussestrasse 126, cerca de la nueva estación central de trenes (Hauptbahnhot). Horario: de martes a viernes de 10.00 a 18.00 sábados, de 11.00 a 20.00 domingos de 11.00 a 18.00.

BEUYS Y WARHOL. La Hamburger Bahnhof expone obras de arte realizadas a partir de la segunda mitad del siglo XX.

políticas- y unas casi inapreciables figuras de bronce de Marx y Engels, en la plaza que fue el corazón de la metrópoli socialista, dominada por el *Pirulí* berlinés. La **Fernsehturm o torre de televisión ❹**, de 365 metros de alto, es la tercera torre más alta de Europa, visible desde muchos puntos de Berlín. Con tiempo y sin vértigo, se puede ascender a la cúspide y gozar de las mejores panorámicas de la ciudad. Allí, a unos 200 metros del suelo, se encuentra un restaurante que gira sobre su eje cada 30 minutos.

Alex es un auténtico ir y venir de pasajeros que hacen transbordo en la estación de metro y cercanías. Nunca está de más echar un vistazo a su Reloj Mundial, una gran estructura de metal que gira permanentemente mostrando las horas de todo el mundo. Luego se puede iniciar un ameno recorrido por Münzstrasse hasta **Scheunenviertel ❺**, la antigua judería, una zona de actividad frenética, llena de restaurantes y bares. La hilera de establecimientos se prolonga por Neue Schönhauser Strasse y Rosenthaler Strasse, hasta llegar a **Hackesche Höfe ❻**, que bien merece una parada. En este conjunto de edificios de 1907, con bonitos patios interiores entrelazados, se puede descansar, pasear y curiosear en sus exquisitas tiendas de ropa *retro*. Un establecimiento interesante es el Ampelmann Galerie Shop, una tienda enteramente dedicada al peatón de los semáforos diseñado en Berlín Este en 1961.

La otra cultura

En **Oranienburger Strasse ❼** puede apreciarse ese "otro" arte que en Berlín toma las calles y los locales más insospechados. Sus edificios ruinosos sorprenden con sus vanguardistas colecciones. Aquí hay desde locales de jazz y antros rockeros hasta cafés árabes y todo tipo de restaurantes étnicos. El estandarte de arte libre por excelencia es el Kunsthaus Tacheles (Oranienburgerstrasse, 54; www.tacheles.de). En los bajos de esta casa *okupa*, el Café Zapata, donde siempre hay actuaciones en vivo, es el mejor lugar para tomar una cerveza.

LUGARES DE INTERÉS DESTACADOS.

❶ Isla de los Museos ❷ Alexanderplatz ❸ Rotes Rathaus ❹ Fernsehturm o torre de televisión ❺ Scheunenviertel ❻ Hackesche Höfe ❼ Oranienburger Strasse

3

EL BERLÍN
MÁS DESCONOCIDO

Comer un 'kebab' en el barrio turco de Kreuzberg

El barrio de Kreuzberg, que se funde en un distrito junto a Friedrichshain, mantiene todo su aire turcoalemán y vive al margen del turismo de masas. Una zona joven y mestiza.

La cara más visible y sugestiva de este barrio es la turca. Como dato significativo, en Berlín viven 150.000 turcos, lo que representa la mayor comunidad fuera de su país. Se trata de una población asentada y especialmente presente en las calles de este barrio, el más mestizo y plural de la ciudad, conocido como "el pequeño Estambul". El famoso muro de Berlín (1961-1989), producto de la guerra fría, dividió el barrio de Kreuzberg en dos zonas, separación que para muchos de sus vecinos de alguna forma sigue vigente, en lo emocional y lo geográfico. Las dos pertenecían al Berlín occidental, pero una de ellas (la que lleva la referencia del antiguo código postal SO 36) quedó emparedada y aislada de su hermana (que lleva el número 61) entre barrios comunistas. Así, el conocido como "Südost 36" era el área más barata y atractiva para bohemios, estudiantes y artistas con poco dinero y, lógicamente, para toda la primera oleada de inmigración turca. Así es como hoy aún se habla de "los dos Kreuzberg". Dicha división se palpa en sus dos grandes arterias: la **Bergmannsstrasse** ❶, que aglutina el Kreuzberg más elitista –herencia del distrito 61–, y la Oranienstrasse –el corazón del antiguo 36–, con la esencia bohemia en sus locales y talleres, sobre todo si se comparan con los de corte *fashion* del vecino barrio de Mitte. Se llega con las líneas S6, U1 y U7 que lo cruzan de este a oeste, y las U8 y U6, que lo hacen de norte a sur. El centro del

↑ **Carteles de la exposición** *Topografía del terror*, que se puede ver en la Niederkirch strasse, en el barrio de Kreuzberg (en la frontera con Mitte).

← **Kreuzberg** es un barrio joven marcado por la influencia turca de sus vecinos.

En Bergmannstrasse hay un montón de cafés y comercios curiosos, especialmente de segunda mano.

distrito cuenta con las estaciones de U-Bahn de Kottbusser Tor y Görlitzer Platz. Las dos partes del distrito, Kreuzberg y Friedrichshain, están unidas por un puente (Oberbaumbrücke) que cruza el Spree, renovado en 1990 por el arquitecto español Santiago Calatrava.

Para explorar la zona es necesario estar preparado para encontrarse con mundos, gentes y estilos muy distintos y, lo que es más importante, estar dispuesto a andar por calles que acaban desembocando en lugares sorprendentes.

De entrada, paseando por la carismática Bergmannstrasse, hay un montón de comercios curiosos, especialmente de artículos de segunda mano, tan propios de esta ciudad, *boutiques*, librerías y cafés. Cuando se atraviesa la Marheinekeplatz, vale la pena asomarse al Marheineke Markthalle ❷, uno de los pocos mercados cubiertos que sobreviven en Berlín (abierto de lunes a viernes de 7.30 a 19.00 y los sábados de 7.30 a 14.00). Es una auténtica joya con montañas de frutas, quesos y salchichas, además de calcetines y ropa interior, todo a precios muy asequibles.

A orillas del Spree

Los berlineses adoran vivir en el exterior, y pese al riguroso clima de invierno esperan el menor rayo de sol para lanzarse a la calle, momento en que el Spree se convierte en una improvisada Copacabana. Las calles, las terrazas y los parques se llenan de gente

UN KILÓMETRO DE MURO

Arte al aire libre

El pintoresco puente rojo de Oberbaumbrücke cruza de Krenzberg a Friedrichshain, donde se conserva el tramo más largo de muro de la ciudad, que desde 1990 es una curiosa galería, conocida como la East Side Gallery. www.eastsidegallery.com

La East Side Gallery, un tramo del viejo muro, se extiende a lo largo de 1,3 kilómetros y cuenta con 106 pinturas.

ávida de aire libre y una ración de sol. Un ejemplo está en el pintoresco **Landwehrkanal ❸** en un ensanchamiento del canal, en **Urbanhafen ❹**, donde hay un tentador césped a orillas del agua. Cuando luce el sol vale la pena sentarse en una de las terrazas flotantes del Kanal, como la del Ankerklause. El ambiente de este café es de lo más variopinto, desde mujeres en biquini y jóvenes en camiseta hasta grupos de amigos y solitarios que aprovechan para leer al sol. Éste es uno de los bares al aire libre más populares de Berlín.

Y llegó la hora de adentrarse en el corazón turco del distrito: la **Kottbusser Damm ❺**. Un "mini-Bósforo" con innumerables tiendas, chiringuitos y restaurantes donde pueden comerse sabrosísimos *döner kebab*, *lahmacun* (*pizza* turca) y otras especialidades orientales preparadas con ingredientes auténticamente frescos y en cantidades generosas. Por supuesto, el **Türkenmarkt ❻** (mercado turco) en **Maybachufer ❼** (abierto los martes y los viernes de 2.00 a 18.30) poco tiene que envidiar a los de Estambul. Los mismos aromas, colores y vocerío de vendedores, y una inmejorable situación a orillas del canal lo convierten en un lugar absolutamente recomendable. Para conocer el Berlín entre bastidores, hay que ir al Café Jacques, en Maybachufer 8, un agradable restaurante de precios muy asequibles donde cada día sorprenden a los clientes con alguna especialidad francesa o norteafricana.

INMERSIÓN JUDÍA

Toda la historia hebrea en el Jüdisches Museum

Es el museo judío más grande del mundo. A través de un extenso fondo documental y artístico, se recorren 2.000 años de la historia hebrea. Cuenta con 14 secciones que repasan los hechos más destacados de este pueblo, desde la época romana hasta el resurgir de la comunidad judía de Alemania a través de atractivas presentaciones audiovisuales y documentos "escondidos". Hay, por supuesto, una sección dedicada al Holocausto del que fueron víctima los judíos. Lleno de simbolismos visuales recreados en estancias sin ventanas y paredes zigzagueantes, el horror que sufrió este pueblo queda bien plasmado.
Lindenstrasse 9-14
www.jmberlin.de

UNA IDEA DE 1971. El edificio es obra del arquitecto Daniel Libeskind, la primera piedra se puso en 1992 y se abrió al público en 2001.

Siguiendo hacia el norte, aparecen de nuevo los rastros del Berlín oriental en Oranienstrasse. Una calle deliciosa, algo caótica y sin concesiones al diseño en la que se alinean tiendas tan singulares como DIM, un comercio especializado en todo tipo de cepillos –hay cientos de ellos–. En la misma calle, el bar Bateau, un lugar apto para todos los públicos y condiciones, es otro de esos lugares cien por cien berlineses en los que merece la pena sentarse un rato a tomar un café y disfrutar del ambiente popular de este barrio antes de acercarse a la Friedrichstrasse, donde se encuentra el que fue paso fronterizo del sector americano durante la guerra fría, el célebre Checkpoint Charlie. Este lugar fue escenario de espectaculares huidas del Berlín Este, en ocasiones muy trágicas, y también fue un famoso punto de intercambio de espías. El puesto original fue demolido en 1990 y reconstruido de nuevo en 2000. Hoy se puede ver la reproducción de la caseta de control con un cartel que reza: "Está usted saliendo del sector americano". El original se encuentra en el contiguo **Haus am Checkpoint Charlie Mauermuseum** ❽ (www.mauermuseum.de), en el que se repasa la historia de la guerra fría y los horrores del muro.

"Está usted saliendo del sector americano". El Checkpoint Charlie fue quizás uno de los pasos fronterizos más calientes de Berlín durante la guerra fría.

LUGARES DE INTERÉS DESTACADOS.
❶ Bergmannstrasse
❷ Marheineke Markthalle
❸ Landwehrkanal ❹ Urbanhafen
❺ Kottbusser Dam ❻ Türkenmarkt
❼ Maybachufer ❽ Haus am Checkpoint Charlie

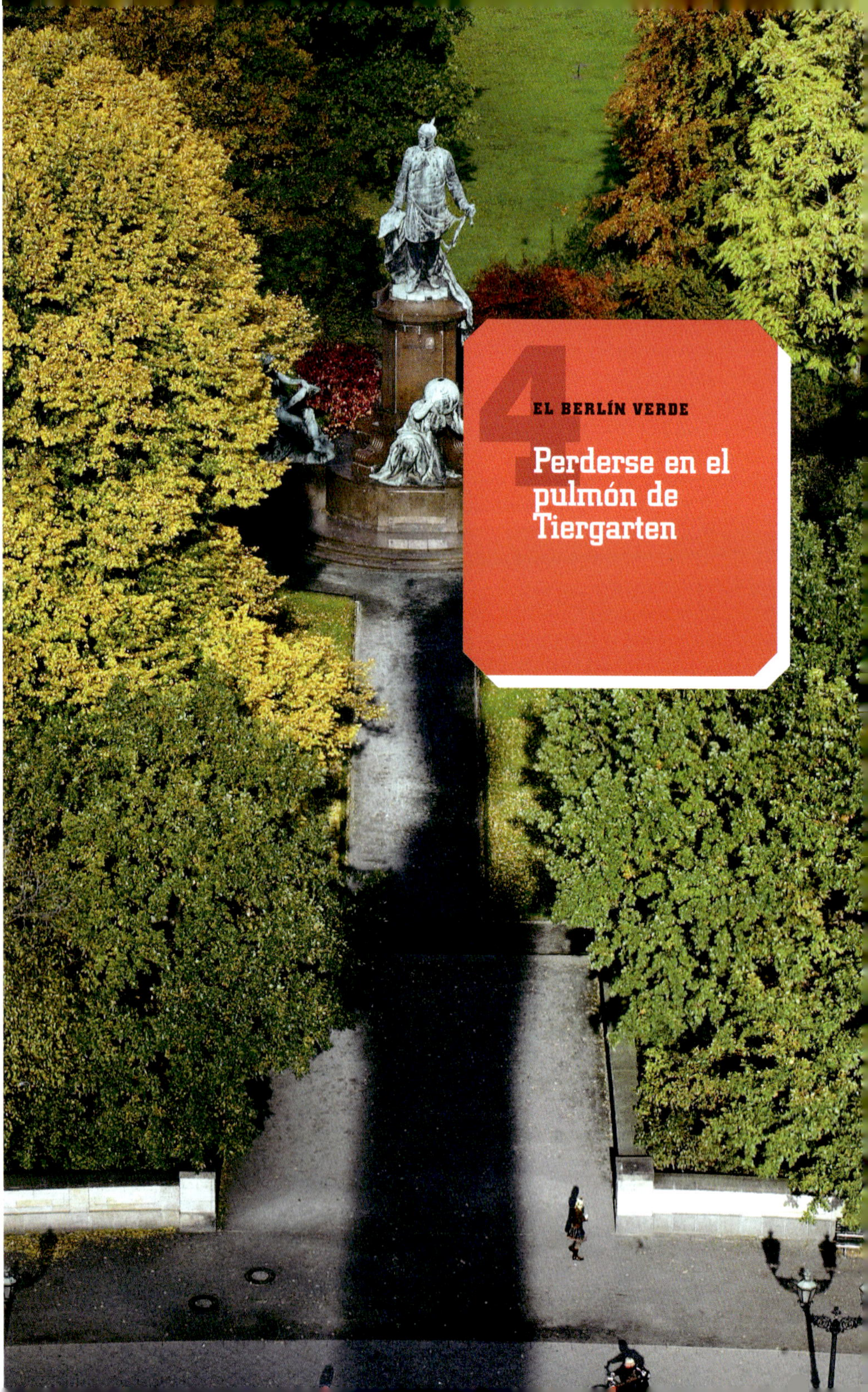

4

EL BERLÍN VERDE

Perderse en el pulmón de Tiergarten

Al contrario de lo que se pueda esperar de una de las ciudades más cosmopolitas de nuestro continente, Berlín no es agobiante. Es raro quedarse atrapado entre masas de peatones. Ni tan siquiera en el metro, en horas punta, uno se siente en una lata de sardinas.

Berlín tiene el privilegio de contar con uno de los pulmones verdes más envidiables para cualquier urbanita europeo, el Tiergarten, al que se puede acceder con la infalible línea 100 de autobús. Más que un parque urbano, es un auténtico bosque donde se brinda la oportunidad de perderse durante horas y olvidar que se está en el ombligo de una vertiginosa metrópoli. Pero a su vez, Tiergarten es un gran distrito. Nexo vital de los antiguos sectores oriental y occidental de la ciudad, aglutina la mayor parte de las nuevas construcciones, además de dos zonas clave en la ciudad: el Regierungsviertel (barrio gubernamental) y la importantísima Potsdamer Platz. Cuando se está en Tiergarten resulta curioso observar que, a pesar de la relevancia de su zona "política", el parque es tan colosal, que prácticamente le roba todo el protagonismo. Ocupando casi la totalidad del distrito, la zona verde se extiende desde el zoo hasta la Puerta de Brandeburgo.

Este efecto de gran alfombra verde es especialmente asombroso desde la vecina **Potsdamer Platz** ❶, un buen lugar para apreciarlo es el mirador (www.panoramapunkt.de) en el número 1 de Potsdamerplatz (a cien metros de altura). Allí, en medio de la modernidad presidida por el espectacular edificio del **Sony Center** ❷ –proyectado por Helmut Jahn con su cúpula de cristal y acero–, el límite con Tiergarten es impresionante:

↑ **El Berlín más vanguardista,** cosmopolita y tecnológico se da cita en la Potsdamer Platz.

← **Pasear por el Tiergarten** nos descubre otra gran pasión de los berlineses, el aire libre.

Bajo esa apariencia de alfombra de terciopelo se esconde un paraíso natural donde se detiene la ciudad a oxigenarse.

tecnología de última generación, restaurantes de diseño, efectos luminosos y los rascacielos más vanguardistas de Europa se dan la mano con las inocentes ardillas que brincan de árbol en árbol en ese oasis urbano. Cerca de aquí, en el 40 Seconds, en la Potsdamer Strasse 58, puede disfrutarse de un menú a unos 45 euros con cuatro platos y unas vistas increíbles del Sony Center.

Respirando hondo

Volviendo al núcleo verde, está la espléndida **Strasse des 17 juni ❸**, que, de algún modo, es la calle de las diosas: empieza con la diosa alada de la Victoria montada en su cuadriga sobre la Puerta de Brandeburgo y acaba en la **Siegessäule ❹**, una columna de 68 metros sobre la que, de nuevo, la diosa Victoria preside una colosal rotonda donde convergen las cinco grandes avenidas del Tiergarten. Los curiosos que no padezcan de vértigo pueden subir la escalera interior de 285 escalones y admirar el inmenso parque y gran parte de la ciudad. De nuevo en su base, se aprecia mejor la figura de la diosa que también llaman *Gold-Else*, una estatua de 35 toneladas y ocho metros y medio de altura que se alza ligera sobre la punta del pie.

Tiergarten es una de las zonas más completas de la ciudad, ya que es al mismo tiempo lugar de recreo y un centro cultural y político de primer orden. Su lado más amable, el **Tiergarten ❺**, dobla en extensión al Hyde Park de

Londres, y es el lugar predilecto de los berlineses para hacer *pic-nic* y pasear en bicicleta nada más sale un rayo.

Un apunte práctico para algunos es que en verano se puede hacer nudismo en pleno Tiergarten. El parque dispone de dos zonas para ello –una para homosexuales y otra para *heteros*–. ¡Un auténtico morbazo, tan cerquita del Bundestag!

De visita a las altas esferas
En pocos sitios del mundo, los edificios de las más altas esferas

Tiergarten dobla en extensión al Hyde Park de Londres. Un lugar para el paseo donde los berlineses organizan barbacoas el fin de semana.

políticas están ubicados en un entorno tan agradable como en Berlín. Parece que los arquitectos en cuestión practicaran el *feng-shui* para que las decisiones gubernamentales fueran lo menos equivocadas posible... La cuestión es que a orillas del río Spree la primera construcción rompedora es "la ostra embarazada", como la llaman los berlineses. Se trata del **Haus der Kulturen der Welt** 6 (la Casa de las Culturas del Mundo; www.hkw.de); su enorme escultura de bronce deja claro que por allí pasó Henry Moore. Si se coincide con alguna *performance* o concierto en vivo se podrá apreciar mucho más el ambiente variopinto y multicultural del lugar. A dos pasos está la integradísima **Bundeskanzleramt** 7. Una serie de edificios vanguardistas que forman la nueva sede del canciller de Alemania. A estas alturas, la sensación de milagro es aún mayor si cabe: todo, absolutamente todo,

SCHLEUSENKRUG

UN NON-STOP EN PLENO PARQUE

De diez de la mañana hasta la una de la madrugada, de lunes a domingo, el pintoresco café al aire libre Schleusenkrug –en la parte occidental del parque de Tiergarten– ofrece copiosos desayunos, carnes a la brasa y música en directo.

EL ÁNGEL AZUL

Un museo para la Dietrich

Después de emigrar a Estados Unidos tras los pasos del director que la descubrió, Eric von Stroheim, Marlene Dietrich apoyó al ejército yanqui durante la II Guerra Mundial, enfrentándose a su propio país. Aun así, siempre tuvo muy presente su ciudad natal.

La *femme fatale* indiscutible del cine alemán y también de la escena internacional, Marlene Dietrich, tiene en el Filmmuseum de su ciudad natal (Potsdamer Strasse 2) un especial protagonismo con una interesante selección del vestuario que utilizó en sus películas, además de fotografías y documentos de su carrera. Pero más allá de la estrella berlinesa, el museo es todo un viaje a través del cine alemán en el que no podían faltar referencias a *El gabinete del Dr. Caligari* o la gran *Metropolis* de Fritz Lang.

EL MUSEO DEL CINE Y LA TELEVISIÓN
(www.filmmuseum-berlin.de) abre de martes a domingo de 10.00 a 18.00 (jueves, hasta 20.00).

se hizo en el tiempo récord de tres años. Y es que los milagros existen, al menos en Berlín. Pero donde se cocina toda la política alemana –y parte importante de la europea– es en el **Reichstag 8.** A un lado de Platz der Republik se alza este impresionante edificio que se acabó en 1894. En 1933 sufrió un terrible incendio, y durante la II Guerra Mundial fue diana de bombas. El edificio luce una espectacular cúpula de cristal proyectada por Norman Foster. Aunque haya cola, vale la pena tener paciencia y conocerla por dentro. Se puede subir por sus futuristas rampas interiores y tomarse un café mientras se disfruta de una de las mejores vistas de la ciudad.

No se puede abandonar este distrito sin acercarse al fascinante **Monumento del Holocausto 9,** inaugurado hace tan sólo dos años. Al sur de la Puerta de Brandeburgo se encuentra este inmenso espacio creado por el arquitecto Peter Eisenman formado por 2.711 bloques de hormigón, que evocan un gigantesco cementerio en memoria de los judíos exterminados por el nazismo. ¡Impresionante! Su sobriedad y belleza consiguen transmitir una emoción indescriptible.

La inocencia de esta niña contrasta con la frialdad de este cementerio de piedra, un monumento construido en memoria de los judíos que fueron víctimas del Holocausto.

LUGARES DE INTERÉS DESTACADOS.
1 Potsdamer Platz
2 Sony Center 3 Strasse des 17 juni 4 Siegessäule
5 Tiergarten Park 6 Haus der Kulturen der Welt
7 Bundeskanzleramt
8 Reichstag 9 Monumento del Holocausto

5

EL BERLÍN SOÑADO

Arte, creación y psicodelia en un barrio de origen obrero

Prenzlauer Berg ❶ se ha transformado de barrio obrero y comunista, donde se cocían movimientos políticos y sociales radicales, a uno de los lugares más jóvenes y bohemios de todo Berlín. El preferido de las nuevas familias y los artistas.

De un tiempo a esta parte las clases acomodadas y los *hippies* nostálgicos se han movido hasta el noreste de la ciudad, atraídos por el sabor bohemio de Prenzlauer Berg. Este distrito fue el gran olvidado durante los años de la guerra fría hasta la caída del muro en 1989.

A partir de entonces se ha convertido en un símbolo del auge cultural y social del nuevo Berlín. Prenzlauer es sinónimo de algo joven, creativo y envolvente. Se extiende entre su arteria principal, Schönhauser Allee al este, y Mauerpark al oeste, que marca la frontera antigua donde el muro separaba el sector soviético del sector francés. También limita con Mitte y Friedrichshain al sur. Una de las sensaciones que se tiene cuando se recorre esta parte de la ciudad es que efectivamente el Berlín Oriental aún existe, al menos en Prenzlauer Berg, donde de momento no han llegado las grandes obras de arquitectos vanguardistas. El barrio invita a recuperar la memoria histórica callejeando entre bloques de apartamentos de aire soviético y colores pastel y los bajos de antiguas casas convertidos en tiendas.

La memoria oriental

Durante la guerra fría, en este distrito se empezó a desarrollar un programa de viviendas sociales que se paralizó al poco tiempo a causa de una crisis económica del régimen. Los edificios inacabados y vacíos fueron sigilosamente ocupados por jóvenes artistas y bohemios de la época. Tras la caída del muro, dichos edificios fueron

↑ El Jüdischer Friedhof, el segundo cementerio judío de la ciudad, es un remanso de paz rodeado de árboles centenarios.

← Remozada y coloreada, aún se mantiene mucha de la típica arquitectura comunista de la antigua República Democrática Alemana.

remodelados y acondicionados, los alquileres subieron y gran parte de esos primeros inquilinos se vieron forzados a emigrar a zonas más asequibles de la ciudad como Kreuzberg y Friedrichshain.

De paseo por la Schönhauser Allee, se llega al Jüdischer Friedhof, el segundo cementerio judío de la ciudad, donde yacen ilustres berlineses como el compositor Giacomo Meyerbeer o el pintor Max Liebermann. Se trata de un auténtico remanso de paz a pie de calle, en el que tumbas y panteones quedan protegidos por árboles centenarios.

El barrio invita a recuperar la memoria histórica callejeando entre bloques de apartamentos de aire soviético.

La vecina Kollwitzplatz, en el corazón del barrio, rinde homenaje a Käthe Kollwitz, pintora, escultora y artista gráfica que durante 50 años desarrolló su actividad creativa en este lugar. En la plaza hay varios cafés donde sirven tartas y contundentes pasteles centroeuropeos. No entrar en alguno sería una lástima. Si el cielo luce azul y la temperatura acompaña, también existe la posibilidad de saborear uno de los deliciosos helados en Kollwitzstrasse. Y si se visita en sábado o domingo, la distracción está asegurada en el variopinto mercado al aire libre de productos biológicos. Si se pasea por esta zona a la hora de comer, lo más recomendable es dirigirse a La Poulette, en Knaackstrasse. El restaurante se reconoce por la profusión de flores pintadas en la

DESAYUNAR DOS VECES

Salchichas con sonido de tren

Debajo de la estación elevada de la línea U2 de Eberswalder Strasse hay uno de los *imbiss* más famosos de la ciudad: Konnopke, uno de los muchos locales que en Berlín se dedican a ofrecer bocados a destiempo, en especial un segundo desayuno a media mañana. Este templo de la *currywurst*, salchicha troceada y servida con *curry*, lleva 78 años nutriendo a los berlineses.

Los colores pastel y las cuadrículas de la arquitectura racional soviética convierten algunos edificios en un auténtico paisaje pop.

fachada gris. La comida es de estilo francés pero a precio berlinés, o sea, asequible.

Para sumergirse un poco más en la historia de este distrito y conocer algo de su desarrollo urbanístico, hay que entrar en el Prenzlauer Berg Museum ❷, en Prenzlauer Allee 227 (abre de lunes a jueves de 9.00 a 12.00 y los viernes de 9.00 a 14.00). También se puede contemplar la cercana sinagoga de Rykestrasse ❸, la más grande de Alemania, un templo que se salvó por estar situado junto a algunos edificios habitados por ciudadanos arios y que no sufrió daños durante la trágica *noche de los cristales rotos* del 9 de noviembre de 1938, la jornada en la que se destruyeron todos los bienes de los judíos alemanes.

La calle más bonita del barrio es Husemannstrasse ❹, justo en la esquina, una de las más históricas de Berlín. Fue restaurada por el antiguo régimen del Este con motivo del 750º aniversario de la fundación de Berlín y está flanqueada por preciosos edificios del siglo XIX, con balcones de hierro forjado y carteles de comercios antiguos. Aquí se trata de pasear tranquilamente, dejarse atrapar por todos estos elementos e imaginar cómo fue el Berlín de hace dos siglos... Y del siglo XIX al Berlín más rabiosamente contracultural: la Kulturbrauerei ❺, a dos pasos. Esta antigua fábrica construida a finales del siglo XIX estaba formada por 20 edificios de ladrillos rojos y amarillos. Hoy da cabida a un ecléctico centro cultural que ofrece desde obras de teatro hasta conciertos, pasando por ciclos de cine, galerías de arte, restaurantes, bares e incluso una agencia de alquiler de bicicletas para seguir el paseo a pedales.

OSTALGIE. Con esta particular nostalgia hacia el pasado soviético, la moda militar ha vuelto a las calles de la capital alemana.

RECUERDOS DEL MURO

Saudade berlinesa

Después de la caída del muro y la reunificación de Alemania, muchos habitantes de los barrios de Berlín sienten una gran añoranza por ciertas cosas del pasado.

La nostalgia, que aquí se ha bautizado como *ostalgie*, juego de palabras entre *ost*, que significa "este", y *nostalgie*, parece estar de moda en Berlín. Dejando de lado las connotaciones políticas, el término se utiliza como fuente de inspiración artística y como excusa para abrir nuevos caminos de *merchandising*.

El invento de camisetas y todo tipo de artículos con la figura del *Ampelmann* –el peatón verde de los semáforos del Este–, unido a los éxitos cinematográficos como *Good Bye Lenin* (Wolfgang Becker, 2003), han puesto en marcha un auténtico *revival* que ha provocado que la *ostalgie* se haya transformado en una auténtica fiebre.

Merece la pena dirigir la bici hasta el parque de Mauerpark 6, donde se conserva uno de los pocos fragmentos del muro que durante años separó Berlín Este del Oeste. Aquí se celebra cada fin de semana un mercadillo convertido en lugar de encuentro obligado.

Una pasarela bajo los castaños

El lugar de más rabiosa actualidad de Prenzlauer Berg es Kastanienallee 7, conocida también como la *milla de la escena*, por tratarse de uno de los mayores lugares de concentración de la juventud más inquieta de la ciudad. Sus animadas aceras y terrazas la convierten en una especie de pasarela bajo los castaños.

Esta avenida se creó en 1826 y tomó ese nombre por los árboles que se plantaron en aquella época. Hoy, Kastanienallee es uno de los paseos más *cool* de Berlín y supera en algunos rincones en exquisitez al mismísimo Mitte. Éste fue uno de los barrios del austero Berlín del Este, pero hoy es una de las calles más cosmopolitas de la ciudad. Aquí las tentaciones son innumerables y demuestran que los berlineses no se complican la vida a la hora de ponerle nombre a un negocio. Ahí están la heladería de estilo naïf Glücklich am Park 8 (literalmente "feliz frente al parque"), la popular Coctelería 103 9, el cine alternativo Lichtblick Kino 10 o el centro cultural alternativo Ka86 11.

Toda la Kastanienallee y sus calles aledañas están repletas de pequeñas tiendas de diseño y arte, además de espacios de nuevos modistos berlineses.

LUGARES DE INTERÉS

1 Prenzlauer Berg
2 Prenzlauer Berg Museum
3 Sinagoga de Rykestrasse
4 Husemannstrasse
5 Kulturbrauerei
6 Mauerpark 7 Kastanienallee 8 Glücklich am Park 9 Coctelería 103 10 Lichtblick Kino 11 Ka86

Berlín en 48 horas

Primera mañana

8.00

REICHSTAG

El primer día merece la pena madrugar y así evitar las colas para acceder a la cúpula del Reichstag. Una buena forma de descubrir Berlín es visitando su techo más famoso, la enorme bóveda de cristal del Parlamento alemán y desde la que se goza de una de las mejores vistas de la ciudad. **Se trata de un edificio de 1894, transformado por Norman Foster en un Parlamento *high tech* donde la antigua estructura de piedra se funde con una enorme cúpula de cristal.** Un corto trayecto en ascensor conduce a un mirador al aire libre; después se puede continuar el ascenso por una futurista rampa en espiral que nos lleva a una exposición sobre la historia del edificio y a unas vistas impresionantes del vecino Tiergarten.

Unter den Linden S1, S2, Bus 100.
Horario ascensor: de 8.00 a 24.00 (última entrada a las 22.00).
www.bundestag.de

9.00

PUERTA DE BRANDEBURGO

Hacia el sur se llega a otro emblema de la ciudad: la Puerta de Brandeburgo. **En plena Pariser Platz se alza esta recién restaurada y emblemática puerta que simbolizó la división de Berlín durante la guerra fría** y que, a partir de 1989, con la caída del muro, es emblema de la reunificación alemana. Su estructura data de 1791 y constituye la única superviviente de las 18 puertas que llegó a haber en la ciudad. Sobre ella se levanta la escultura de la alada diosa de la Victoria montada en una cuadriga, la misma deidad que corona la columna de Tiergarten y que parecen vigilarse constantemente la una a la otra.

Unter den Linden, Bus 100, 200.
www.visitberlin.de

10.00

PARISER PLATZ

Es muy recomendable echar un vistazo a los alrededores de la elegante Pariser Platz. Aquí se concentra una gran cantidad de embajadas, entidades bancarias y hoteles de lujo. Después de salir altamente perjudicadas tras la II Guerra Mundial, tanto la plaza como la puerta de Brandeburgo quedaron atrapadas al este del muro. Así que **se trata de una plaza reconstruida casi en su totalidad, por lo que hay varios edificios de última generación mezclados con algún superviviente histórico que merece la pena admirar.** Entre ellos, el Banco DZ, la Embajada de EE UU, la Academia de Bellas Artes y todo un clásico de la zona: el hotel Adlon.

Unter den Linden, Bus 100, 200.

11.00

MONUMENTO DEL HOLOCAUSTO

Caminando hacia el sur por la Ebertstrasse se halla una de las propuestas escultóricas más llamativas e impactantes de la ciudad. Se trata del Monumento del Holocausto. Evocando un cementerio, el arquitecto neoyorquino Peter Eisenman ideó esta inmensa red de **2.711 bloques de hormigón, de formas rectangulares y de distintas alturas, sobre un terreno desigual, que da como resultado un conjunto tan sobrio como conmovedor.** Este gran monumento dedicado a las víctimas judías del genocidio en la II Guerra Mundial se construyó en 2005. Debajo de él hay un Centro de Información de gran interés.

Unter den Linden,
Bus 100, 200.
Centro de Información de 10.00 a 20.00.
www.holocaust-mahnmal.de

12.00

UNTER DEN LINDEN

En la misma zona se encuentra el bulevar más esplendoroso de Berlín, una larga avenida que permite revivir toda la grandeza prusiana en un agradable paseo bajo los tilos: el Unter den Linden. **En esta vía se pueden admirar edificios y palacios como el Deutsches Historisches Museum**, la Staatsoper Unter den Linden, la Humboldt Universität o la St. Hedwigs-Kathedrale en Bebelplatz. No se puede dejar el bulevar sin tomar un respiro en el Café Einstein, al más puro estilo vienés.

Unter den Linden,
bus 100, 200.

13.00

GENDARMENMARKT

Desde el bulevar de los tilos, bajando por Charlottenstrasse, se puede acceder a **una de las plazas más elegantes de Berlín**, la Gendarmenmarkt. En su día fue un mercado y hoy goza de un trío arquitectónico de lujo: la Catedral Francesa, la Catedral Alemana y la Konzerthaus Berlin. Tras pasar por delante de la estatua del dramaturgo Iriedrich Schiller, que se erige en plena plaza, es recomendable almorzar en uno de los deliciosos restaurantes de la zona.

Catedral Alemana (Deutscher Dom): abre de martes a domingo de 10.00 a 18.00. Catedral Francesa (Französischer Dom): la iglesia se visita de martes a domingo de 12.00 a 17.00 y el museo de hugonotes de martes a sábado de 12.00 a 17.00 y los domingos de 11.00 a 17.00. Konzerthaus Berlin: visita guiada los sábados a las 13.00.

Primera tarde

15.00
ALEX O ALEXANDERPLATZ

La Alexanderplatz, también llamada Alex, es una plaza inhóspita que a nadie deja indiferente. A pesar de la fama que le dio la novela de Alfred Döblin, lo cierto es que los impersonales edificios construidos en los años sesenta no la hacen especialmente atractiva. Destacan, sin embargo, el Weltzeituhr, el Rotes Rathaus (edificio rojo del Ayuntamiento) y la Fernsehturm (torre de telecomunicaciones) con sus 365 metros.

S-Bahn, U-Bahn Alexanderplatz.
Rotes Rathaus: se visita de lunes a viernes de 9.00 a 18.00.
Fernsehturm: de marzo a octubre, abre todos los días de 9.00 a 24.00 y de noviembre a febrero, de 10.00 a 24.00.

15.30
GROSSE HAMBURGER STRASSE

En los alrededores de la plaza se encuentra la calle más emblemática en la historia judía de la ciudad: la Grosse Hamburger Strasse. **Aquí se puede visitar el Alter Jüdischer Friedhof, el primer cementerio judío de Berlín,** donde se llegó a enterrar a más de 12.000 personas. Cerca, una placa indica el lugar donde se encontraba el primer asilo judío de la ciudad y cómo los nazis lo convirtieron en un centro deportivo que, arrasado por las bombas, nunca ha sido reconstruido. Lo mismo ocurre con el edificio que fue una escuela judía y con la conocida como *la casa desaparecida*: un monumento conmemorativo en el lugar donde fue destruido un bloque de viviendas.

www.berlinerfernsehturm.de

16.30
HACKESCHE HÖFFE

Es el momento de dirigirnos a **uno de los espacios más singulares y exquisitos del barrio de Mitte: los Hackesche Höfe.** Se trata de un conjunto de edificios con laberínticos patios entrelazados que esconden tiendas y establecimientos encantadores, ideal para comenzar la tarde. Aunque data de principios del siglo XX, el complejo está perfectamente restaurado, y destaca el primer patio –al que se accede entrando por Rosenthaler Strasse–, con sus paredes cubiertas de azulejos *art nouveau*. La adquisición de algunos recuerdos típicamente berlineses en honor a la figura del peatón verde de los semáforos del Berlín Oriental en la Ampelmann Galerie Shop es un punto obligado en esta visita. Los precios del resto de tiendas son algo más prohibitivos.

S-Bahn Hackescher Markt. U8-Bahn Weinmeistersstrasse línea 8.
www.hackesche-hoefe.com

17.00
KADEWE

Para continuar con el *shopping*, nada mejor que dar un gran salto hasta **los segundos grandes almacenes más grandes de Europa**, después del Harrod´s londinense, el famoso KaDeWe, y de paso, cambiar de barrio y acercarnos hasta el Schöneberg. Este distrito no tiene grandes atractivos a excepción de sus numerosos comercios. Vale la pena subir hasta la séptima planta del KaDeWe (acrónimo que viene de las palabras alemanas de Los Almacenes del Oeste), donde se exhibe un universo culinario sin precedentes. Si no se quiere gastar demasiado, lo mejor es regresar a la calle y apañarse con un *currywurst* en cualquier carrito ambulante. Muy cerca queda la Gedächtniss Kirche, muy dañada durante La Segunda Guerra Mundial.

U-Bahn Wittenbergplatz.
de lunes a sábado de 10.00 a 20.00.
www.kadewe-berlin.de

17.45
KREUZBERG

De los almacenes KaDeWe nos dirigiremos hasta el vecino Kreuzberg. **Se trata del barrio más mestizo de Berlín**, aunque muy extenso y, como toda la ciudad, bastante disperso. Nada de eso impide que optemos por nuestro pequeño *kreuzberg* y nos centremos en algunas de las mejores zonas para pasar la tarde y acabar el día con buen sabor de boca. De entrada, hay margen hasta las 18.30 para dar un vistazo al colorista, animado y estratégicamente ubicado Türkenmarkt o mercado turco. Situado junto al canal, en Maybachufer, este mercado es donde mejor se toma el pulso a la forma de vida de la numerosa comunidad turca que habita en Berlín. Ofrece un amplio abanico de productos frescos de alta calidad y muchas especialidades turcas.

Schönleinstrasse.
abierto martes y viernes de 12.00 a 18.30.

19.00
ORNIENSTRASSE

En el mismo distrito, pero cogiendo el metro, se puede acabar el día en la agradable y bohemia Oranienstrasse. **Toda esta zona invita al paseo y a disfrutar del mestizaje multicultural que marca el ritmo en Kreuzberg.** Aquí conviven *pubs* clásicos y cafés bohemios de espíritu *progre*. La oferta de lugares para cenar es amplia y variada. Y para tomar un café o una copa, nada mejor que acudir al bar Bateau Ivre, un local de estilo francés, exquisito pero exento de esnobismos. Y si el cuerpo quiere más noche, Luzia es un singular local con sesiones de *disc jockeys* en uno de esos locales tan berlineses que gustan de invadir antiguos negocios, esta vez una antigua carnicería.

U1 Kottbusser Tor.
Bateau Ivre

Segunda mañana

9.00
CHECK-POINT CHARLIE

El paso por el famoso Check-point Charlie resulta obligado. No tanto por lo que se ve, sino por lo que representa. La tercera letra de la jerga de las telecomunicaciones militares (*alpha*, *bravo*, *charlie*) sirvió para dar nombre al puesto de control aliado más célebre de la ciudad. Ahora es difícil imaginar lo que fue cuando los tanques estadounidenses se encararon con los soviéticos en 1961. La que puede verse hoy es una caseta recuperada, no la original. Merece mucho la pena introducirse en el Museo del Muro situado justo al lado y ver los vídeos que conmemoran la caída y observar el ingenio de los habitantes para tratar de pasar al otro lado.

Kochstrasse.
Museo del Muro en Check-point Charlie: abierto de 9.00 a 22.00.
www.mauermuseum.de

10.00
TOPOGRAPHIE DES TERRORS

No lejos de aquí se puede disfrutar de una insólita exposición al aire libre: Topographie des Terrors. Aunque resulta algo dura, la experiencia merece la pena. Se trata de un descampado que un día estuvo ocupado por los cuarteles de la Gestapo y de la Comandancia de las SS. Será por eso que hay algo de terrorífico en la atmósfera de este particular museo donde **se repasan los años del Tercer Reich y la historia de las instituciones que gobernaron Alemania en aquella época.** Fotografías, documentos, explicaciones y un corto tramo de muro superviviente.

S/U-Bahn Anhalter Bahnhof (S1, S2, S25) y Potsdamer Platz (U2).
de octubre a abril, todos los días de 10.00 a 18.00 y de mayo a septiembre, de 10.00 a 20.00.
www.topographie.de

11.00
TIERGARTEN

Siempre que el tiempo lo permita, la siguiente visita nos llevará al pulmón verde berlinés: el Tiergarten. Después de un recorrido algo largo en metro –no hay que olvidar que Berlín es muy grande–, llega el momento de zambullirse en este **gran bosque urbano que un día fue coto de caza de la realeza y que hoy acoge al palacio Schloss Bellevue** –habitual residencia del canciller alemán–. Si es verano, el ambiente de playa se palpa en todos sus rincones, sobre todo alrededor de su gran lago. Mientras que en otoño o invierno se torna melancólico. Un paseo sin prisas por sus senderos y jardines y una cerveza en una de sus terrazas reponen fuerzas para continuar con la ruta.

U-Bahn Turmstrasse, Bus 100.
www.visitberlin.de

12.00

POTSDAMER PLATZ

Otra gran joya y símbolo del vanguardismo arquitectónico de esta metrópoli es la espectacular Potsdamer Platz, que se sitúa al sur del parque. **Se trata de una insólita colección de construcciones contemporáneas firmadas por los mejores maestros de nuestros días** -liderados por Renzo Piano y Christoph Kohlbecker, y con nombres como Arata Isozaki, Hans Kollhoff, Richard Rogers o el navarro Rafael Moneo, que firma el hotel Grand Hyatt-. En su paisaje destaca de forma indiscutible el Sony Center, concebido por el estudio de los arquitectos Murphy/Jahn. La enorme cúpula de cristal y las vigas de acero constituyen un auténtico laboratorio tecnológico, con efectos visuales y lumínicos. El resultado final es fabulosamente futurista.

Postdamer Strasse.
www.sonycenter.de

13.00

JOYAS ARQUITECTÓNICAS

Pero la Potsdamer Platz no sólo es su magnífica cúpula. **Merece la pena echar un vistazo al resto de las obras arquitectónicas que ocupan el triángulo acotado por Lennéstrasse, Bellevuestrasse y Ebert strasse.** Cuando se admiran esas grandes construcciones, parece imposible creer que, en este lugar, en el año 1924 se instalara algo tan primitivo como el primer semáforo de Europa (del que hay una réplica) o que durante la II Guerra Mundial la zona quedara totalmente devastada y finalmente partida en dos con el muro. Para contemplar el conjunto hay que subir hasta el mirador del Panorama Punkt (Postsdamerplatz,1).

todos los días, excepto lunes, de 11.00 a 20.00.
www.panoramapunkt.de

13.30

FILMMUSEUM

Antes de comer un sencillo sándwich o un buen plato de pescado en algunos de los restaurantes de la zona, **los amantes del cine pueden rendir un homenaje a la dama del cine alemán Marlene Dietrich en una visita al Filmmuseum Berlin.** Se encuentra en la planta baja del Sony Center y muestra una completa exposición que recorre el cine alemán a través de montajes multimedia con una cariñosa y especial atención a la famosa actriz berlinesa. En el mismo recinto también se encuentra el Museo de la Televisión.

U-Bahn / S-Bahn Pots-damer Platz, Bus M48, 200, 347.
de martes a domingo de 10.00 a 18.00 y los jueves hasta las 20.00.
www.filmmuseum-berlin.de

Segunda tarde

15.00
KURFÜRSTENDAMM

La tarde puede iniciarse asomándose al bulevar más famoso de Berlín. **El Kurfürstendamm –conocido como Ku´damm– es la avenida burguesa con las tiendas más elegantes**, aunque ahora con todo tipo de faunas urbanas. En los años veinte fue el escenario de la ebullición cultural de la ciudad. Pero además de tiendas de todo tipo, en medio del consumismo feroz de la zona se alza la ruinosa Kaiser-Wilhelm-Gedächtniskirche, la iglesia erigida en memoria del káiser Guillermo que fue devastada por las bombas aliadas y cuya destrozada torre le ha dado el apelativo popular de "la muela picada".

Kurfürstendamm.
Kaiser- Wilhelm-Gedächtniskirche

16.00
CURRYWURST O EROTISMO

Dos curiosidades en esta zona que producen mucho "placer" a sus visitantes son el Erotik Museum y el Deutsches Currywurst Museum. Según las apetencias y dado que no hay tiempo para los dos, habrá que elegir entre contemplar una de las colecciones eróticas más completas y fascinantes de Europa, o bien atreverse a entrar en ese museo que brinda un riguroso homenaje al tentempié berlinés por antonomasia, la *currywurst*. Por supuesto, en su tienda se encuentran todo tipo de *gadgets* inspirados en tan sabroso alimento.

U-Bahn Uhlandstrasse.
www.currywurstmuseum.de
www.erotikmuseum.de

17.00
PRENZLAUER BERG

El resto de la tarde hay que dedicarla a uno de los barrios más excitantes de Berlín y al que se deberá acceder en metro: Prenzlauer Berg. Este distrito, que se sitúa al noreste de la ciudad, se ha convertido en **el mayor símbolo cultural y social del nuevo Berlín.** Prenz'lberg, como lo llaman los berlineses, ofrece en todas sus calles y en todos sus rincones la esencia del Este. Para empaparse de su atmósfera lo mejor es dejarse llevar y callejear disfrutando de todos sus detalles. Es recomendable empezar por Schönhauser Allee.

Schönhauser Allee
Bus: 148.

18.00
MAUERPARK

Además de los edificios que son una reliquia de la antigua RDA, el barrio ofrece detalles dignos de ver, como el Mauerpark o Parque del Muro. Este pequeño parque ocupa una parte de la llamada "franja de la muerte", donde se encontraba la antigua frontera que separaba el Berlín oriental del occidental. Lo interesante aquí es que éste es **uno de los pocos lugares de la ciudad donde se puede admirar un trozo de muro,** justamente el que fue escenario de los más espectaculares intentos de huida del lado comunista.

U-Bahn Eberswalder Strasse.

19.00
JUDISCHER FRIEDHOF

La zona cuenta también con dos imprescindibles citas con la comunidad judía.
Por un lado, el Jüdischer Friedhof, **un bonito camposanto de frondosos árboles que es el segundo cementerio judío de la ciudad y acoge las sepulturas de ilustres berlineses.** Por otro lado, la sinagoga de Rykestrasse, construida en 1904, que es la más grande de Alemania pero lamentablemente no se puede visitar.

U-Bahn Senefelderplatz.
de lunes a jueves de 8.00 a 16.00 y los viernes de 8.00 a 13.00.
www.jg-berlin.org

20.00
ORANIENBURGER STRASSE

Para acabar la jornada, el metro nos llevará a la Oranienburger Strasse en Mitte. **Allí se respira la pura efervescencia berlinesa a través de sus bares, locales y sus característicos edificios restaurados con patio interior.** Modernas galerías de arte, pequeños cafés que cautivan con su clima y un ambiente de pura mezcolanza. Y en medio de todo, destaca un edificio: el Kunsthaus Tacheles. Tras la caída del muro, unos cuantos artistas avispados lo ocuparon y lo convirtieron en un centro cultural en forma de laberinto cubierto por *graffiti*. Para terminar, nada mejor que despedirse de esta ciudad con un concierto en vivo en el bar que ocupa los bajos del edificio, el Zapata.

Oranienburger Tor.
www.tacheles.de

Datos útiles de Berlín

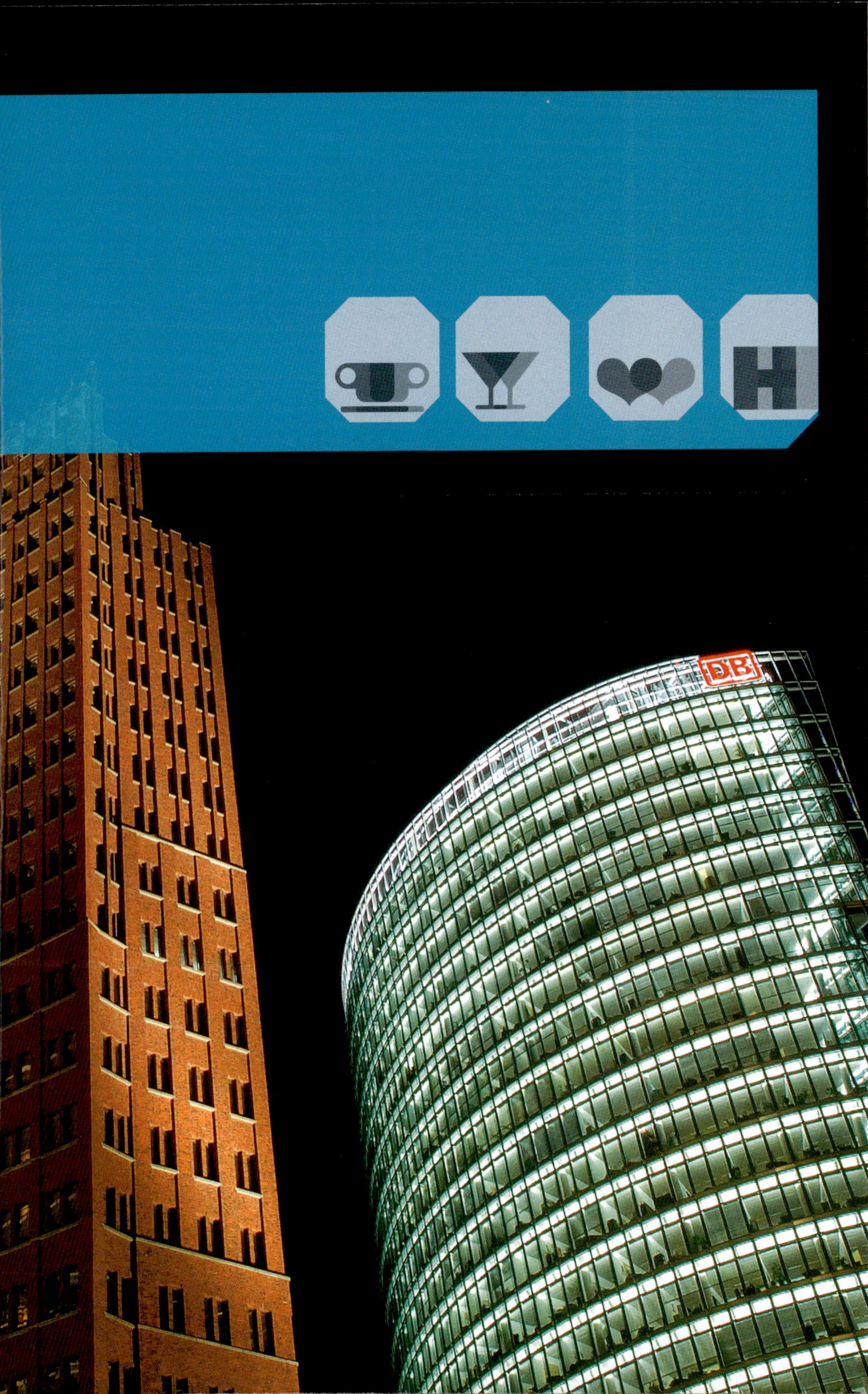
DB

Consulta el pronóstico meteorológico y el callejero en
www.guiacampsa.com
o www.repsolypf.com

Berlín ha sido la ciudad pionera en abrir de noche las puertas de sus museos. Es una muestra de la importancia que los berlineses dan a sus colecciones.

ALTES MUSEUM

Por el momento, el Altes Museum es imprescindible para los aficionados al arte egipcio, puesto que aquí se expone hasta 2009 una de las piezas más bellas de aquella civilización, el busto de Nefertiti: icono de la historia del arte y del íntimo sentido de la belleza femenina.
✉ Altes Museum Am Lustgarten.
⊙ de martes a domingo de 10.00 a 18.00. Los jueves hasta las 22.00.
www.smb.spk-berlin.de

ALTE NATIONALGALERIE

La mejor colección de escultura y pintura alemana del siglo XIX y obras de pintores internacionales del siglo XX. Entre los *monets* y *cézannes* del segundo piso hay cuadros del llamado periodo Goethe, como los paisajes de Jakob Philipp Hackert o los retratos de Anton Grafft en la tercera planta. Y en el primer piso, lienzos de la atmósfera prusiana.
✉ Bodesstrasse 1-3.
⊙ de martes a domingo de 10.00 a 18.00. Los jueves hasta las 22.00.
www.alte-nationalgalerie.de

GEMÄLDEGALERIE

7.000 metros cuadrados para albergar 1.400 pinturas europeas de los siglos XII al XVII en un edificio nuevo del Kulturforum Potsdamerplatz. El recorrido por sus 72 salas mide dos kilómetros. Destaca un remanso: la sala octogonal reservada a las 16 obras de Rembrandt.
✉ Matthäikirchplatz 4-6.
⊙ de martes a domingo de 10.00 a 18.00. Los jueves hasta las 22.00.
www.smb.spk-berlin.de

PERGAMONMUSEUM

Es el museo más prestigioso de Berlín con un millón de visitas anuales. En él conviven tres *submuseos:* el de la colección de antigüedades clásicas que ocupa los *halls* y la sala de esculturas, el museo del antiguo Oriente y la colección de arte islámico. Su fuerte son las reconstrucciones arqueológicas, como la de las puertas de Ishtar de Babilonia, la entrada al mercado de Mileto o el imponente altar de Pérgamo.
✉ Am Kupfergraben 5.
⊙ de martes a domingo de 10.00 a 18.00. Los jueves hasta las 22.00.
www.smb.spk-berlin.de

BODEMUSEUM

Un espléndido edificio neobarroco tocado con una cúpula alberga una importante muestra de arte bizantino. Imprescindible para los amantes de la numismática.
✉ Am Kupfergraben/Monbijoubrücke.
www.smb.spk-berlin.de

NEUE NATIONALGALERIE

En un espectacular edificio proyectado por Mies van der Rohe (que de por sí vale la pena una visita) se expone pintura y escultura del siglo XX. Especial atención reciben el cubismo, el expresionismo, la Bauhaus y el surrealismo.
✉ Potsdamer Strasse, 50.
⊙ de martes a domingo, de 11.00 a 18.00. Jueves, hasta las 22.00.
8 euros.
www.neue-nationalgalerie.de

JÜDISCHES MUSEUM BERLIN

Museo judío en un imponente edificio firmado por Daniel Libeskind.
✉ Lindenstrasse, 9-14.
Kochstraße o Hallesches Tor.
⊙ abre todos los días de 10.00 a 20.00. Los lunes hasta las 22.00.
5 euros.
www.juedisches-museum-berlin.de

KUNSTHAUS TACHELES

Arte en las ruinas. En un edificio derruido por los bombardeos aliados, el Tacheles (del hebreo "llevarlo a cabo") demuestra que la creación puede hallar un buen nido en los espacios destartalados. Ocupado por artistas, ha alcanzado hoy la oficialidad de ser un centro de arte alternativo con sus instalaciones y exposiciones anárquicas, un buen bar con música en vivo y ciclos de cine excesivamente independiente.
✉ Oranienburgerstrasse 54
www.tacheles.de

DEUTSCHES HISTORISCHES MUSEUM

Situado en el Zeghaus, el edificio más antiguo de la Unter den Linden.
✉ Unter den Linden 2.
⊙ todos los días de 10.00 a 18.00.
www.dhm.de

DEUTSCHE GUGGENHEIM BERLIN

Más modesto que sus hermanos de Nueva York y Bilbao, el museo alberga entre tres y cuatro exposiciones al año, generalmente encargadas a un único artista. Por sus paredes han pasado los vídeos de Bill Viola o los cuadros de Jackson Pollock.
✉ Unter den Linden 13-15.
⊙ de viernes a miércoles de 11.00 a 20.00. Los jueves hasta las 22.00.
www.deutsche-guggenheim.de

HAUS AM CHECKPOINT CHARLIE

Museo de uno de los puestos fronterizos principales del Berlín dividido. Muestra en fotos y recreaciones el ingenio de los que consiguieron pasar clandestinamente al otro lado. También se exhibe un emotivo vídeo sobre *la noche de los Trabants*, cuando los vecinos del Este pudieron atravesar por primera vez en coche la Puerta de Brandeburgo.
✉ Friedrichstrasse 43-45.
⊙ todos los días de 9.00 a 22.00.
www.mauermuseum.de

Hoteles

La oferta de alojamientos en Berlín es especialmente extensa: va desde hoteles de lujo hasta opciones muy dignas y confortables en albergues y *bed&breakfast*. Hay que tener en cuenta la opción de los *kunsthotels* (hoteles artísticos), que son establecimientos decorados por artistas berlineses, con el Propeller Island City Lodge (www.propeller-island.de) como máximo exponente. Eso sí, antes de reservar conviene recordar que nos alojaremos en un hotel artístico, es decir, sus 32 habitaciones van desde una especie de cómoda celda hasta un caleidoscopio, o camas giratorias y voladoras. El barrio que ofrece precios más económicos es Friedrichshain, mientras que el joven y animado Prenzlauer Berg no cuenta con demasiadas opciones donde elegir.

KU'DAMM
Hotel vanguardista inaugurado en 2003. El *hall* es espectacular, obra de la diseñadora suiza Franciska Kessler. Las habitaciones son minimalistas y muy agradables. Tiene la ventaja de estar situado en la principal arteria de Berlín.
✉ Kurfürsstendamm, 101.
www.hudamm101.com
€ desde 118 euros sin desayuno.

ASKANISHER HOF
Situado en el centro de la ciudad, tiene el encanto de lo retro y el mito de que en sus habitaciones se alojaron estrellas del cine y escritores en los años veinte y treinta. Su estética prusiana se palpa en el *hall*, en las habitaciones e incluso en el desayuno.
✉ Kurfürstendamm, 53.
www.askanisher-hof.de
€ 95-110 euros, desayuno incluido.

LUX 11
Situado en Mitte, se inauguró en 2005. Tiene habitaciones y también apartamentos, estos últimos muy confortables y equipados con zona de estar y cocina. Cuantos más días se pasa en ellos, más baratos resultan.
✉ Rosa-Luxemburg Strasse, 9-13.
www.lux-eleven.de
€ 115-125 euros, sin desayuno.

CITYSTAY HOSTEL
En la animada calle de Rosenstrasse se encuentra este hostal ubicado en un antiguo almacén de 1896.
✉ Rosenstrasse 16.
www.citystay.de
€ entre 17 y 32 euros, sin desayuno.

Siempre hay una ciudad que no representa a su país. Así como Nápoles es sólo Nápoles y no es Italia, Berlín no encaja con los tópicos alemanes. Tampoco con los precios. La capital alemana funciona como una isla autónoma, y comer en Berlín puede no resultar caro. Además, la completa y variada diáspora que recibe desde hace tiempo ha hecho que algunas comunidades instaladas en sus calles se hayan especializado hasta el esmero en los fogones. Dicen por ejemplo que los mejores *kebabs* turcos se comen en Berlín y no en Estambul, y que es fácil sentirse en Taormina al probar un plato de pasta con alcaparras en uno de los restaurantes sicilianos de Prenzlauer Berg. ¿Y la comida alemana? En eso Berlín sí es Alemania, ya que permite descubrir una cocina injustamente arrinconada en Europa. Viajar por el paladar alemán supone rescatar platos que van desde el codillo con *choucroute* hasta la *oxtail soup*, una sopa de rabo de buey que en su día le levantó la boina al mismísimo Josep Pla, aquel gran comensal que de vez en cuando escribía.

KELLERRESTAURANT
Restaurante de la Casa Museo de Bertolt Brecht, que habitó en este edificio desde 1953 hasta su muerte, tres años después. Entre fotos, manuscritos y cartas, se han recuperado también las recetas que su esposa Helene Weigel preparaba para el dramaturgo. Ideal para probar cocina alemana y austriaca. Albondiguillas de panceta, filete de lucio rebozado, salsa de tallos de apios, reza la carta. Y unos 16 euros el plato principal, dice la cuenta.
✉ Chausseestrasse 125.
www.brechtkeller.de

DADA FALAFEL
Suculentos bocadillos de *falafel* y *shawarma* en un diminuto local en el que vale la pena echar un vistazo a su decoración.
✉ Linienstrasse 132.
€ platos desde 7 euros.

Una ciudad muy económica.

Disfrutar de un buen restaurante o de un hotel acogedor está al alcance de todos los bolsillos.

BOCCA DI BACCO
Con más de un cuarto de siglo, aquí han degustado excelentes carnes y pastas Steven Spielberg y Matt Damon, entre otros.
✉ Friedrichstrasse 167.
€ 40 euros, aproximadamente.

KUCHEN KAISER
Deliciosos desayunos –¡que sirven hasta las 16.00!– a base de estupendas tartas que ya comían los berlineses a mediados del siglo XIX.
✉ Oranienplatz 11-13.
€ platos a 5 euros.

CURRY 36
El mejor *imbiss* (chiringuito-bar) de la ciudad para tomar auténticas *currywurst.* Las colas que se forman hablan por sí solas. Muy recomendable.
✉ Mehringdamm 36.
€ precios asequibles.

HABIBI
Se trata de una pequeña cadena de varios restaurantes en Berlín. Son ideales para picar alguna cosa durante el día o para reponer fuerzas después de vivir la noche berlinesa (¡abren hasta las tres de la madrugada!). *Falafel y shawarma* exquisitos y en abundancia.
✉ Oranienstrasse 30.
€ desde 8 euros.

JOSEPH ROTH DIELE
Un sitio perfecto para tomar un café acompañado de un buen pastel o para comerse un plato casero. Dedicado al famoso escritor judío-austriaco que vivió en la casa contigua, el lugar está empapelado de libros y citas suyas. Puro ambiente intelectual cerca del futurista Sony Center.
✉ Potsdamer Strasse 75.
€ precios asequibles.

40 SECONDS
Se trata de uno de los restaurantes más originales de Berlín. Está en la última planta de un edificio de oficinas. Su nombre expresa el tiempo que tarda el ascensor. También puede tomarse una copa con vistas al Sony Center por sólo 6 euros.
✉ Postdamer Strasse, 58.

Ocio nocturno

Esta ciudad es un paréntesis dentro del país en todos los sentidos. En Berlín, la perfección y la rigurosidad alemanas brillan por su ausencia. Es una ciudad que vive relajada y que respira libertad por todos sus poros. Por poner un ejemplo, se permite fumar prácticamente en todas partes, y entrar en el metro con

Ocio a la carta. Berlín ofrece diversión para todos los gustos... Respira libertad.

una botella de cerveza en la mano no es delito ni coto privado de los jóvenes. Así que a la hora de salir de noche, la ciudad es aún más permisiva. Hay infinidad de lugares dispersos para todos los gustos, bolsillos y condiciones sexuales. A grandes rasgos, el mapa es éste:

•**Charlottenburg y Tiergarten:** ambiente *chic*, gente acomodada y zona de teatros.

•**Schöneberg y Wilmersdorf:** oferta de ocio variada y principal zona gay.

•**Mitte:** distrito de moda, garitos *fashion*, modernidad a flor de piel.

•**Oranienburger Tor:** locales exclusivos y rincones de ambiente intelectual.

•**Prenzlauer Berg:** pijerío cero, numerosos bares –muchos de ellos exquisitos–, buen ambiente heterogéneo.

•**Friedrichshain:** antiguo distrito de *okupas*, hoy centro de la noche berlinesa, sobre todo en la Rigaer Strasse con sus locales anárquicos.

•**Kreuzberg:** indiscutiblemente, el barrio de mayor auge en cuanto a ocio, con locales a veces esnobs y otras con todo el sabor de los setenta y los ochenta. Alrededor de Oranienstrasse hay bares de todo tipo, algunos de lo más auténticos y otros incluso más escandalosos. También aquí la comunidad gay tiene dónde escoger.

KAFFEE BURGER

Un auténtico local de culto con pura decoración de la década de los sesenta de la RDA. No faltan las buenas sesiones de pop ruso. Ideal para las últimas horas de la madrugada.
✉ Torstrasse, 58 (Mitte).

BERGHAIN-PANORAMA BAR

Con su jardín estilo *techno* posindustrial, este local de dos plantas se llena hasta los topes a partir de las 2.00 y hasta el amanecer...
✉ Am Wriezener Bahnhof (Friedrichshain).

WATERGATE

Discoteca flotante sobre el Spree. Desde su pista principal uno baila mientras contempla vistas fantásticas. Los viernes suelen hacer conciertos en vivo y sus fiestas son conocidas en todo Berlín por prolongarse hasta la mañana.
✉ Falckensteinstrasse 49 (Kreuzberg).

GRÜNER SALON

Para los salseros y amantes de los bailes de salón, este peculiar local con decoración de los años veinte está en el epicentro de la ciudad.
✉ Rosa-Luxembrug-Platz 2.

COCKTAILS TO GO

El nombre lo dice todo. Una propuesta absolutamente insólita: un quiosco que sirve cócteles para llevar a tan sólo 2,50 euros. Un chollo de lo más divertido. Un autén-

tico local de culto con pura decoración de la década de los sesenta de la RDA.
✉ Warschauer Strasse (Friedrichshain).

KONRAD TÖNZ
Estilo retro. Muebles de los setenta, papel pintado y fotos de Carlos y Lady Di. Imprescindible.
✉ Falckensteinstrasse 30 (Kreuzberg).

BADESCHIFF SPREEBRÜCKE AN DER ARENA
Un impresionante conjunto con piscina de vistas panorámicas construida dentro del río. Diseñada por el arquitecto español Fernando Menis, permite aquella utopía de bañarse dos veces en el mismo río. En su terraza hay sesiones de *dj's*, música en vivo y buenos mojitos.
✉ Eichenstrasse 4.

RUTZ
Tanto para los enólogos curtidos como para esporádicos, esta vinatería será su perdición. Más de mil vinos de todo el mundo. Además, el personal es especialmente atento.
✉ Chausseestrasse, 8 (Mitte).

CHICKS DE LUXE

Se trata de la mayor fiesta lesbiana de la capital de tipo itinerante. Normalmente se celebra en el *almodovariano* Kino International.
✉ Karl-Marx- Allee 33.
www.chicksdeluxe.com

SCHWULES MUSEUM
Museo especializado en la historia, el arte y la cultura gay. Hay exposiciones temporales de artistas gays y una buena biblioteca con los libros imprescindibles.
✉ Mehringdamm 61.
www.schwulesmuseum.de

HIMMELREICH
La mejor coctelería de ambiente de la ciudad. Atmósfera muy distendida y agradable, y bebidas siempre bien servidas.
✉ Simon-Dach-Strasse 36 (Friedrichshain).

CAFÉ MOSKAU
Antiguo café de la época comunista que cada dos domingos acoge las famosas fiestas gay GMF. Todo un clásico que no hay que perderse.
✉ Karl-Marx-Allee 34.

TREIBHAUS SAUNA
Las saunas gays más bonitas de Berlín. Es de estilo moderno y alberga un nutrido *sex-shop*.
✉ Schönhauser Allee 132.

SO36
Una vez al mes aquí se celebra la famosa fiesta Gayhane. Música pop turca, travestis y danza del vientre a discreción.
Oranienstrasse 190.

De compras

Berlín es un escaparate ambulante, pero que no agrede, sino que va mostrando con cautela y sin ostentaciones infinidad de tiendas irresistibles, al menos para curiosear. Más allá de la visita obligada a la séptima planta del más legendario centro comercial berlinés, el KaDeWe, donde se puede disfrutar del mayor espectáculo de *delikatessen* gastronómico jamás visto, la ciudad ofrece un sinfín de establecimientos de lo más singulares.

MONDOS ARTS
Todo en *souvenirs* de la antigua RDA de lo más *kitsch*. El nombre, Mondos, procede de la marca más conocida de preservativos de la Alemania Oriental. Un divertido viaje al pasado.
✉ Schreinerstrasse 6.

LIBRERÍA HAMMET
Auténticas joyas de la novela negra y la literatura de misterio en pleno Kreuzberg. Para los adictos a este género tan adictivo, un lugar de peregrinaje.
✉ Friesenstrasse 27.

OK
Artículos para cada día, confeccionados a base de materiales reciclados de estilo *kitsch* y a buenos precios. Ciertamente curioso.
✉ Alte Schönhauser Strasse 36-37.

FLOHMARKT AM ARKONAPLATZ
Un peculiar mercadillo que cada domingo de 10.00 a 17.00h ofrece una gran variedad de muebles, complementos y vinilos de los sesenta y setenta.
✉ Bernauerstrasse 6.

ABSINT DEPOT BERLIN
Todo cuanto se refiere a la absenta o "hada verde". Abierta hasta bien entrada la noche. Un paraíso para *dandies* trasnochados.
✉ Weinmeisterstrasse 4.

ELTERNHAUS
Ostalgies por doquier en esta tienda de Mitte en la que sus artículos de diseño están inspirados en el Berlín Este.
✉ Alte Schönhauser Strasse 14.

PAUL KNOPF
En el corazón de Kreuzberg, una de esas pequeñas maravillas que por desgracia en nuestro país pasaron a la historia y que los berlineses velan para que nunca se pierdan... Una tienda de botones. Botones de todos los tipos y tamaños imaginables en cajas y cajones que llegan al techo.
✉ Zossener Strasse 10.

R.S.V.P. PAPIER IN MITTE
Para no perder la costumbre de escribir a mano, aquí hay curiosos papeles de todo el mundo.
✉ Mulackstrasse 14.

Mapa de transportes

Idea Original y realización: ARA LLIBRES SCCL ara.
Impreso por: Litofinter, S.A.

Diseño: Júlia Font i Cèl·lula
Edición: Teresa Artigas y Mariano Veloy
Coordinación editorial: Pere Trilla
Texto: María José López Vilalta
Edición gráfica: Mariona Rovira
Cartografía: Enric Sorribas / Geotec
Corrección: Laura Rodríguez y Bárbara Gómez
Maquetación: Aura Digit
ISBN obra completa: 978-84-9815-127-5
ISBN: 978-84-9815-128-2
Depósito Legal: M-8189-2008